A

John Lloyd
John Mitchinson
James Harkin

ECHT WAHR!

999 Fakten, die Google nicht weiß

Aus dem Englischen von
Alexander Weber

ATLANTIK

Dieser Band versammelt eine Auswahl aus den Originalausgaben 1227 *Facts To Blow Your Socks Off* und 1339 *Facts To Make Your Jaw Drop*, die 2012 und 2013 im Verlag Faber & Faber, London, erschienen sind.

Atlantik Bücher erscheinen im
Hoffmann und Campe Verlag, Hamburg.

1. Auflage 2015

www.hoca.de www.atlantik-verlag.de
Umschlaggestaltung: Sarah Hensmann,
© Hoffmann und Campe
Satz: fuxbux, Berlin
Gesetzt aus der Chaparral Pro und der Vario Com
Druck und Bindung: C. H. Beck, Nördlingen
Printed in Germany
ISBN 978-3-455-37805-4

HOFFMANN
UND CAMPE

Ein Unternehmen der
GANSKE VERLAGSGRUPPE

Das Universum hat die Form
einer Vuvuzela.

Das Zentrum des Universums
schmeckt nach Himbeeren.

Die Ozonschicht duftet
leicht nach Geranien.

Der britischen Queen gehört
offiziell ein Sechstel der Landoberfläche
der Erde.

TINTENFISCHE HABEN DREI HERZEN.

Kängurus haben drei Vaginen.

Drei von Fidel Castros Söhnen sind nach Alexander dem Großen benannt – Alexis, Alexander und Alejandro.

Jedes zehnte Baby in Europa wird in einem IKEA-Bett gezeugt.

Mit dem Blut, das das menschliche
Herz im Laufe eines Lebens
durch den Körper pumpt, ließen
sich drei Öltanker füllen.

⚡

10 Prozent aller Fotos weltweit wurden in den vergangenen
zwölf Monaten geschossen.

⚡

Auf über der Hälfte aller zwischen 1838 und 1960
geschossenen Fotos sind Babys abgelichtet.

⚡

Die Wörter, die an einem Tag weltweit getwittert werden, würden ein
Buch mit 10 Millionen Seiten füllen.

In Ohio, USA, wurde 2008 ein Mann festgenommen, weil er Sex mit einem Campingtisch gehabt haben soll.

Betrachtet man die zurückgelegte Strecke, so geht jeder Mensch im Laufe seines Lebens im Schnitt dreimal um die Welt.

Die Weltbevölkerung verbringt 500 000 Stunden am Tag mit dem Tippen von Internet-Passwörtern.

100 Jahre lang war auf der Flagge der karibischen Turks- und Caicosinseln versehentlich ein Iglu abgebildet.

Ein Drittel der Russen glaubt,
die Sonne drehe sich um die Erde.

⚡

46 Prozent der erwachsenen
US-Bürger glauben, die Welt sei
weniger als 10 000 Jahre alt.

⚡

Über 50 Prozent aller NASA-Angestellten
sind Legastheniker, die wegen ihrer
hohen Problemlösungskompetenz
und ihrer herausragenden räumlichen
Wahrnehmung eingestellt wurden.

⚡

Beyoncé Knowles ist eine Ur-Ur-Großnichte
neunten Grades von Gustav Mahler.

Schostakowitsch komponierte seine 8. Sinfonie in einem Hühnerstall.

Italiens führendes Wirtschaftsunternehmen ist die Mafia: Sie setzt jährlich 90 Milliarden Euro um, was 7 Prozent des Bruttoinlandsprodukts entspricht.

George W. Bush und Saddam Hussein ließen ihre Schuhe vom selben italienischen Schuster anfertigen.

Saddam Husseins Schutzbunker wurde vom Enkel einer Frau entworfen, die am Bau von Hitlers Führerbunker beteiligt war.

Der irische Dichter Brendan Behan wurde im Alter von acht Jahren zum Alkoholiker.

Leonardo da Vinci arbeitete 15 Jahre lang an der *Mona Lisa*, bei seinem Tod 1519 sah er das Bild noch immer nicht als vollendet an.

ALS DIE MONA LISA 1911 AUS DEM LOUVRE GESTOHLEN WURDE, ZÄHLTE PICASSO ZU DEN VERDÄCHTIGEN.

Beim Brennen einer Kerze entstehen pro Sekunde 1,5 Millionen winzige Diamanten.

Bei extrem hohem Druck
lassen sich Diamanten auch aus
Erdnussbutter herstellen.

Jede Sekunde durchqueren
über 100 Milliarden Neutrinos Ihren
Kopf, ohne dass Sie es bemerken.

IKEA ist der drittgrößte Holz-
verbraucher der Welt und
verkauft im Jahr 2 Milliarden
schwedische Hackbällchen.

Alle 14 Tage
stirbt eine Sprache aus.

In einem Teelöffel Erde befinden sich mehr Lebewesen als es Menschen auf der Welt gibt.

Alles Gold, das auf der Welt geschürft wurde, würde in dreieinhalb olympische Schwimmbecken passen.

Edmund Hillary, der Erstbesteiger des Mount Everest, war von Beruf Bienenzüchter. Wenn er Formulare ausfüllen musste, gab er als Beruf »Imker« an.

Die 10 000 Billionen Ameisen auf der Erde wiegen zusammen in etwa so viel wie alle Menschen.

Würden sich die 5 Billionen Spinnen in den Niederlanden entschließen, statt Insekten Menschen zu essen, hätten sie alle 16,7 Millionen Holländer in nur drei Tagen verputzt.

Der Sexualforscher Alfred Kinsey besaß eine Sammlung von 5 Millionen Wespen und war in der Lage, eine Zahnbürste – das Borstenende voran – vollständig in seinen Penis einzuführen.

Würde man sämtliche je hergestellten Legosteine aufeinanderstecken, ergäben sie einen Turm, der zehnmal so hoch wäre wie die Entfernung von der Erde zum Mond.

Liechtenstein, das sechstkleinste Land der Erde, ist der weltgrößte Exporteur falscher Zähne.

Die Ortsschilder des österreichischen
Dorfs Fucking sind in Beton eingegossen,
um deren Diebstahl zu verhindern.

Raupen geben außer Kaugeräuschen keinerlei
Laute von sich – allein *Phengaris rebeli*
zupft seinen Unterleib wie eine Gitarre, um
wie eine Ameisenkönigin zu klingen.

Jedes Jahr werden in Peru über
60 Millionen Meerschweinchen gegessen.

In der Schweiz ist es illegal,
nur ein Meerschweinchen zu halten.

98 Prozent aller britischen
Haushalte haben Teppichboden.
In Italien sind es nur 2 Prozent.

Bei nur 2 Prozent aller Adoptionen
in Japan werden Säuglinge adoptiert.
98 Prozent sind männliche Erwachsene
im Alter zwischen 25 und 30 Jahren.

Reisende und Autofahrer sollten sich
nur noch mit Bedacht an den heiligen
Christophorus wenden: 1969 wurde ihm
sein Heiligenstatus aberkannt.

10 Prozent des US-amerikanischen
Stroms stammt aus entsorgten
sowjetischen Atombomben.

Bis 1913 war es in den USA
legal, Kinder mit der Paketpost
zu verschicken.

Alle Batterien der Erde könnten
den weltweiten Energiebedarf gerade
mal 10 Minuten lang decken.

Die Demokratie im alten Griechenland
überdauerte nur 185 Jahre.

DIE ALTEN GRIECHEN HATTEN KEIN WORT FÜR RELIGION.

China ist der weltgrößte Bibelproduzent: Eine Fabrik in Nanjing druckt 1 Million Bibeln pro Monat.

Die internationale Vorwahl für Russland lautet 007.

Koffein besteht aus den gleichen Stoffen wie Kokain, Contergan, Nylon, TNT und Heroin: Kohlenstoff, Wasserstoff, Stickstoff und Sauerstoff.

Heroin und Aspirin wurden im selben Jahr (1897) und von derselben Person erfunden: Felix Hoffmann.

Heroin wurde ursprünglich als Hustenmittel verkauft.

Die unleserliche Handschrift von Ärzten fordert jährlich allein in den USA 7000 Todesopfer und sorgt für 1,5 Millionen Verletzte.

Die Wasserführung des Ganges ist in Indien ein Staatsgeheimnis.

2012 besaß die Firma Apple mehr verfügbares Geld als die US-Regierung.

Die ersten Werbejingles wurden in Zeitungen abgedruckt und sollten von den Lesern selbst gesungen werden.

Unter den Nazis war es Affen unter Todesstrafe verboten, mit dem Hitlergruß zu grüßen.

ADOLF HITLER KAUTE AN DEN FINGERNÄGELN.

Britische Spione experimentierten mit Sperma als Geheimtinte, verwarfen die Technik aber aufgrund des Geruchs.

Im 12. Jahrhundert zählte
die dänische Armee sieben Männer.

Im 17. Jahrhundert wurde der Gouverneur
von Barbados in Zucker bezahlt.

Im 18. Jahrhundert bestattete
die französische Marine ihre Toten
im Frachtraum ihrer Schiffe.

Im 19. Jahrhundert wurde Tabak
zur »rektalen Inflation« verwandt:
Um Ertrunkene wiederzubeleben, blies
man ihnen Tabakrauch in den Anus.

Toaster waren bis 2008
in Havanna verboten.

Die Technologie eines Smartphones
beruht auf bis zu 250 000 Patenten.

Das menschliche Gehirn nimmt
jede Sekunde 11 Millionen Bits
an Informationen auf, registriert
bewusst aber nur 40 davon.

Das Wasser im Maul eines
Blauwals wiegt genauso viel
wie sein gesamter Körper.

Die Kaulquappen des in Südamerika beheimateten Paradoxen Frosches sind größer als der Frosch selbst.

Kuku kaki kakak kakak ku kayak kuku kaki kakek kakek ku ist ein indonesischer Zungenbrecher, der so viel bedeutet wie: »Die Zehennägel meiner Schwester sehen aus wie die meines Großvaters.«

Wer sich im viktorianischen England keinen Schornsteinfeger leisten konnte, warf stattdessen eine lebende Gans den Kamin hinunter.

Weil Rennmäuse Adrenalin riechen können, werden sie auf Flughäfen eingesetzt, um Terroristen aufzuspüren.

Würde man ein Loch mitten durch
die Erdkugel bohren und hineinspringen,
bräuchte man exakt 42 Minuten und
12 Sekunden bis zur anderen Seite.

Eine mittelgroße Kumuluswolke
wiegt etwa so viel wie 80 Elefanten.

Fred Baur (1918–2002), der Erfinder
der Pringles-Chipsdose, ließ seine
Asche in einer solchen bestatten.

DIE BRITISCHE QUEEN IST MIT VLAD DEM PFÄHLER VERWANDT.

Zwischen 1928 und 1948 wurden
12 Olympische Medaillen in der Disziplin
»Städtebau« vergeben.

In einer klaren, mondlosen Nacht
kann das menschliche Auge
erkennen, wenn in 80 km Entfernung
ein Streichholz entzündet wird.

Harry Houdini konnte Stecknadeln
mit seinen Wimpern aufheben
und einen Faden mit den Zehen
in eine Nadel einfädeln.

Das Volk der Samen in Nordfinnland
benutzt eine Maßeinheit namens *Poronkusema*:
die Entfernung, die ein Rentier zurücklegen
kann, bevor es pinkeln muss.

Die Zeitmessung der Inka beruhte auf der Garzeit von Kartoffeln.

Kartoffeln waren zwischen 1748 und 1772 in Frankreich verboten.

Die meisten Menschen haben weniger Freunde als ihre Freunde – dieser Umstand wird »Freundschaftsparadox« genannt.

Erst 21 Jahre, nachdem der Kanadier James Naismith das Basketballspiel erfunden hatte, kam man auf die Idee, ein Loch in die Unterseite des Korbs zu schneiden.

Das Urzeit-Insekt *Kooteninchela deppi*, ein 500 Millionen Jahre altes Fossil mit dreizackigen Klauen, wurde nach Johnny Depp in *Edward mit den Scherenhänden* benannt.

Die Kaninchenart *Sylvilagus palustris hefneri* ist nach Hugh Hefner benannt.

Die Quallenart *Phialella zappai* wurde nach Frank Zappa benannt, weil ihr Entdecker den Musiker unbedingt einmal treffen wollte.

Anophthalmus hitleri ist ein blinder Käfer, der nur in fünf Höhlen Sloweniens vorkommt. Er wurde 1933 nach Adolf Hitler benannt und gilt aufgrund seiner Beliebtheit bei NS-Devotionalien-sammlern heute als vom Aussterben bedroht.

Es ist noch nie jemandem gelungen zu beweisen, dass Zeit existiert.

Wäre es möglich, ein Blatt Papier 51-mal zu falten, wäre es dicker als die Entfernung zwischen Erde und Sonne.

Charles Blondin überquerte die Niagarafälle mehrmals auf einem 300 m langen Hochseil: mit verbundenen Augen, in einem Sack, auf Stelzen und mit einem anderen Mann auf dem Rücken. Einmal briet er sich auf halbem Weg ein Omelett.

Der zweite Vorname von Michael J. Fox lautet Andrew.

Der zweite Vorname
von Richard Gere lautet Tiffany.

Hosen sind für doppelt so viele Unfälle
verantwortlich wie Kettensägen.

**IN NEW YORK
FÄLLT FÜNFZEHNMAL
MEHR SCHNEE ALS
AM SÜDPOL.**

In China gehen sonntags mehr
Menschen in die Kirche als in ganz
Europa zusammen.

Die Wahrscheinlichkeit, am eigenen
Geburtstag zu sterben, liegt um
14 Prozent höher als an anderen Tagen.

Mondstaub riecht wie
Schießpulver.

Jedes Jahr sterben mehr
Menschen durch Autoabgase
als durch Autounfälle.

Von 1912 bis 1948 war Malerei
eine olympische Disziplin.

1891 gewann Claude Monet
100 000 Franc in der französischen
Lotterie.

Tauben können ein impressionistisches
Gemälde von Monet von einem
kubistischen Werk Picassos unter-
scheiden. Ihnen fällt sogar auf, wenn
ein Monet verkehrt herum hängt.

Die Kalorienmenge, die Tour-de-France-
Fahrer täglich zu sich nehmen müssen,
entspricht 27 Cheeseburgern.

Ein einziger Blitzschlag birgt genügend
Energie, um 100 000 Toastbrote zu rösten.

Das Getränk 7-Up hieß ursprünglich »Bib-Label Lithiated Lemon-Lime Soda«.

Der kleinste bekannte Dinosaurier war rund 10 cm groß und wog weniger als ein Chihuahua.

Der Drogenbaron Pablo Escobar musste jährlich 10 Prozent seines Barvermögens abschreiben, weil Ratten die riesigen Mengen eingelagerter Geldbündel angenagt hatten.

Trägt man zwei Wochen lang dieselbe Jeans, beherbergt die Hose rund 1000 Bakterien an der Vorderseite, etwa 1500–2500 Bakterien hinten sowie eine 10 000 Keime starke Ansammlung im Schritt.

Der Ausbruch des indonesischen Vulkans Krakatau im Jahre 1883 gilt als das lauteste Geräusch der Geschichte. Er war bis auf die 4800 km entfernte Insel Mauritius zu hören.

Der Sommer auf dem Neptun dauert 40 Jahre – die Temperatur liegt allerdings bei kühlen minus 200 °C.

Die Sommernächte auf den Färöer-Inseln sind so hell, dass zwischen Mai und Juli die Leuchttürme abgeschaltet werden.

Der zweitgrößte See in Bolivien heißt Popoó. Er speist sich aus dem Titicaca-See und ist sehr schlammig.

Der heilige Vitus ist der Schutzheilige
gegen das Verschlafen.

Arabische Wörter werden von rechts nach links geschrieben, arabische Zahlen hingegen von links nach rechts. Araber, die Texte mit vielen Zahlen vor sich haben, müssen folglich in beide Richtungen gleichzeitig lesen.

Das Wort »Gas« geht auf den flämischen Chemiker Jan Baptist van Helmont (1579–1644) zurück. Er erfand auch das Wort »Blas«, das sich allerdings nicht durchsetzte.

Das malaiische Wort für »Schiefertafel« lautet: *sejenis batu berwarna kelabu kebiru-biruan yang selalu digunakan sebagai atap ruman.*

IN GHANA WURDE 2010 DER VERKAUF GETRAGENER UNTERWÄSCHE VERBOTEN.

Eine Schneeflocke, die auf einen Gletscher in Grönland fällt, kann 200 000 Jahre brauchen, bis sie das Meer erreicht.

Die King-James-Übersetzung der Bibel hat mehr Popsongs inspiriert als jedes andere Buch.

Im Jahr 2001 gab es laut *World Christian Encyclopedia* 33 830 verschiedene christliche Religionsgemeinschaften.

Der Dosenöffner wurde erst 48 Jahre
nach der Konservenbüchse erfunden.
In der Zwischenzeit benutzte man
Hammer und Meißel.

Der Schraubenzieher wurde 100 Jahre vor
der Schraube erfunden. Er diente ursprünglich
zum Herausziehen von Nägeln.

Ein einziges Spermium enthält 37,5 MB an
DNA-Information. Eine Ejakulation stellt somit einen
Datentransfer von 15 875 GB dar, was der Rechen-
leistung von 62 MacBook-Pro-Laptops entspricht.

Der botanische Name der Banane
lautet *Musa paradisiaca* (»Paradiesfeige«) –
Carl von Linné nannte sie so, weil er sie für
die verbotene Frucht aus dem
Garten Eden hielt.

Beim Ausbruch des Zweiten Weltkriegs töteten die Wärter des Londoner Zoos sämtliche giftigen Insekten und Schlangen, weil sie fürchteten, dass diese nach einem Bombenangriff entfliehen könnten.

Bei den Olympischen Spielen von 1900 in Paris gab es Wettbewerbe im Taubenschießen (mit lebenden Vögeln) sowie Weitsprung für Pferde.

Das Wort »Idiot« bezeichnete im Altgriechischen ursprünglich jeden, der kein Politiker war.

Das isländische Telefonbuch ist nach Vornamen geordnet.

Jedes Jahr entfernt sich New York
etwa 2,5 cm von Europa.

Von 1960 bis 1977 lautete der Geheimcode, mit dem US-Präsidenten einen Atomschlag anordnen konnten, 00000000.

Jimmy Carter gab einmal versehentlich ein Jackett in die Reinigung, in dessen Tasche die geheimen Atomwaffencodes steckten.

Die stärksten Lebewesen der Welt sind Gonorrhö-Bakterien: Sie sind in der Lage, das 100 000-fache ihres eigenen Körpergewichts zu ziehen.

Ein Hund besitzt den gleichen ökologischen Fußabdruck wie zwei Toyota Landcruiser, eine Katze richtet dieselben ökologischen Schäden an wie ein VW Golf, und zwei Hamster sind so umweltverträglich wie ein Plasmafernseher.

Menschen haben die gleiche Anzahl von Haarfollikeln wie Schimpansen.

Gorillas und Kartoffeln besitzen je zwei Chromosomen mehr als der Mensch.

Ein Mensch, der 75 Jahre alt wird, hat sechs Jahre seines Lebens mit Träumen verbracht.

Junge Neandertalermädchen
hatten größere Bizepsmuskeln als
erwachsene männliche Menschen.

EINE ORANGE IST EINE BEERE, EINE ERDBEERE JEDOCH EINE NUSS.

Der Vatikanstaat besitzt die höchste Kriminalitätsrate der Welt: Obwohl der Staat nur etwas mehr als 800 Einwohner hat, werden dort jährlich über 600 Straftaten verübt.

Dem Vatikan zufolge kann man seine Zeit im Fegefeuer dadurch reduzieren, dass man Twitter-Follower des Papstes wird.

Der längste Kater der Medizingeschichte hielt vier Wochen an. Leidtragender war ein 37-jähriger Mann aus Glasgow.

Auf den Malediven wird Coca-Cola aus Meerwasser hergestellt.

Etwa jede zwanzigste Verletzung im Profifußball ziehen sich die Spieler beim Torjubel zu.

1915 nahm Charlie Chaplin an einem Charlie-Chaplin-Ähnlichkeits-wettbewerb in San Francisco teil. Er gewann nicht. Er schaffte es noch nicht einmal in die letzte Runde.

Das Inuit-Wort *Iminngernaveersaartunngortussaavunga* bedeutet »Ich sollte versuchen, kein Alkoholiker zu werden«.

Müsste ein Vampir nur einmal pro Tag etwas zu sich nehmen und würde dabei jedes seiner Opfer verwandeln, könnte er die gesamte Weltbevölkerung in etwas mehr als einem Monat zu Vampiren machen.

Island ist die jüngste Landmasse der Erde, Grönland die älteste.

Unter der Meeresoberfläche gibt es womöglich 100 000 unerforschte Gebirge. Nur etwa 1000 davon sind bisher kartiert worden.

Kühe muhen
in regionalen Dialekten.

⚡

95 Prozent aller Informationen
weltweit sind noch immer auf Papier
gespeichert. Das meiste davon wird
nie wieder angesehen.

⚡

Die gemeine Spitzmaus wehrt sich
gegen ihre Feinde, indem sie vor Angst stirbt.

⚡

Der nächste Mensch auf
dem Mond wird höchstwahrscheinlich
ein Chinese sein.

Ein weich gekochtes Straußenei
dauert eine Stunde, für ein hart gekochtes
benötigt man anderthalb.

FÜR 1 KILO SAFRAN BENÖTIGT MAN ZWISCHEN 70 000 UND 150 000 KROKUSSE.

Alexander der Große wusch sein Haar
mit Safran, damit es orangefarben glänzte.

Das Russische kennt kein Wort für »blau«.
Es existieren nur zwei verschiedene Wörter
für hellblau und dunkelblau.

Andy Warhol trug stets
grüne Unterhosen.

Als Einstein seine allgemeine
Relativitätstheorie veröffentlichte, schickte
die *New York Times* zunächst ihren
Golf-Reporter, um ihn zu interviewen.

Die geschichtsträchtige Nachricht
über den ersten Motorflug der
Gebrüder Wright erschien erstmals
in einer Imker-Zeitschrift namens
Gleanings in Bee Culture.

Der meistverkaufte Science-Fiction-Roman
der Welt, Frank Herberts *Der Wüstenplanet*,
wurde von über 20 Verlagen abgelehnt
und erschien schließlich in einem Verlag
für Autobetriebshandbücher.

In den USA versicherten sich im Jahr 1998
insgesamt 10 113 Amerikanerinnen gegen eine
Jungfrauengeburt zum Jahrtausendwechsel.

Das leichteste Metall der Erde
ist hundertmal leichter als Styropor
und kann auf einer Pusteblume abgelegt
werden, ohne sie zu zerdrücken.

Das härteste Metall der Erde, Graphen,
ist eine Million Mal dünner als Papier, aber
zweihundert Mal härter als Stahl.

Der Druck, der auf dem tiefsten Punkt
des Meeres im Marianengraben herrscht,
entspricht dem Gewicht von zehn Braunbären,
die auf einer Briefmarke balancieren.

Alle Eisbären sind Iren:
Sie stammen von Braunbären ab,
die vor rund 10 000 Jahren
in Irland lebten.

Über die Hälfte der Weltbevölkerung
ist unter 25 Jahre alt, und über
die Hälfte davon spricht mindestens
zwei Sprachen.

Professionelle Schriftsteller und Künstler
haben eine 18-mal höhere Wahrscheinlichkeit,
Selbstmord zu begehen, als die restliche
Bevölkerung.

Das Ungarische kennt kein Wort für
Sohn oder Tochter, dafür aber neun
spezifische Ausdrücke für verschiedene
Arten von Söhnen oder Töchtern.

Menschliche Spucke enthält
ein Schmerzmittel namens
Opiorphin, das bis zu sechsmal
stärker als Morphium wirkt.

Das Logo der Chupa-Chups-Lollis
wurde von Salvador Dalí entworfen.

Jede Minute werden 4000 McDonald's-
Hamburger verzehrt – genau so viele,
wie sich aus einem Rind herstellen lassen.

Jedes Jahr werden in Asien
4 Millionen Katzen gegessen.

Aus einer Tonne alter PCs
lässt sich mehr Gold gewinnen
als aus 17 Tonnen Golderz.

Der Wert des Goldes, das sich gelöst
in den Weltmeeren befindet, wird auf
340 Billionen Euro geschätzt – das
Dreißigfache der US-Staatsschulden.

Auf der Erde gibt es rund 6900 Sprachen,
doch mehr als die Hälfte der Weltbe-
völkerung benutzt lediglich 20 davon.

Im Jahr 1900 hätte das gesamte
mathematische Wissen der Welt in rund
80 Büchern Platz gefunden – heute
würde es mehr als 100 000 füllen.

Auf den Britischen Jungferninseln haben über 600 000 Unternehmen ihren Firmensitz. Die Einwohnerzahl beträgt 28 882.

Ein weibliches Frettchen stirbt, wenn es ein Jahr lang keinen Sex hat.

Ein voller Kindle ist ein Milliardstel eines milliardstel Gramms schwerer als ein brandneuer.

Jeder Mensch beginnt sein Leben als Arschloch: Es ist der erste Teil des Körpers, der sich im Mutterleib formt.

NUR 2 PROZENT ALLER FRAUEN BEZEICHNEN SICH SELBST ALS SCHÖN.

Der Loch Ness ist so tief und so lang, dass er das Zehnfache der gesamten Weltbevölkerung fassen könnte.

Nach Einsteins Tod wurde sein Gehirn eingelegt, in 240 Würfel geschnitten und 20 Jahre in zwei Einweckgläsern in einem Pappkarton aufbewahrt. Die Aufschrift auf dem Karton lautete »Costa Cider« (»Costa Apfelwein«).

Das Wort »Schule« stammt aus dem Altgriechischen und bedeutete ursprünglich »freie Zeit«.

Die Markennamen Honda und Toyota leiten sich von japanischen Wörtern für zwei unterschiedliche Arten von Reisfeldern ab.

Im Französischen, Ungarischen, Spanischen, Irischen, Italienischen, Portugiesischen, Lettischen, Serbischen, Kroatischen, Bosnischen, Montenegrinischen und auf Tagalog ist das Wort für »Zeit« und »Wetter« jeweils dasselbe.

Die Inuit verwenden dasselbe Wort, *sila*, für »Wetter« und »Bewusstsein«.

Es gibt keine sichere wissenschaftliche Methode zur Vorhersage von Erdbeben. Die verlässlichste Strategie besteht darin, die Anzahl der vermissten Katzen zu zählen: Verdreifacht sie sich, steht ein Erdbeben unmittelbar bevor.

Die CIA liest bis zu
5 Millionen Tweets am Tag.

Gerste hat doppelt so viele
Gene wie der Mensch.

Die bemannte Mondlandung
und das Aufspüren Osama Bin Ladens
waren der US-Regierung etwa gleichviel
Zeit und Geld wert: Zehn Jahre
und 100 Milliarden Dollar.

Der Konsum von Kokain erhöht
die Wahrscheinlichkeit, in der
nächsten Stunde einen Herzinfarkt
zu erleiden, um 2400 Prozent.

Das Walisische kennt keine einzelnen
Wörter für »ja« oder »nein«.

Im Spanischen bedeutet das
Wort *esposas* zugleich »Ehefrauen«
und »Handschellen«.

SERBIEN IST DIE WELT-GRÖSSTE EXPORTNATION VON HIMBEEREN.

Mit einem Bleistift kann man
im Durchschnitt 45 000 Wörter schreiben oder
eine Linie von 56 km Länge ziehen.

Die Venus dreht sich so langsam
um ihre Achse, dass der Venustag
länger ist als das Venusjahr.

Bis in die sechziger Jahre bestand der einzige zuverlässige Schwangerschaftstest darin, den Urin der Frau in einen weiblichen Afrikanischen Krallenfrosch zu injizieren: Ovulierte der Frosch binnen zwölf Stunden, war die Frau schwanger.

Muskatnuss ist in Saudi-Arabien verboten, weil es in großen Mengen halluzinogen wirkt.

Pilze sind näher mit dem Menschen verwandt als mit den Pflanzen.

Peking, Seoul und Tokio bedeuten in
der jeweiligen Landessprache »Hauptstadt«.

Škoda bedeutet auf Tschechisch
»Schaden«, »Schade!« oder »Verlust«.

Mehr als 80 Prozent aller Menschen
auf der Welt nehmen täglich Koffein zu sich –
in Tee, Kaffee oder Cola.

Milchschokolade
enthält anderthalbmal so viel
Koffein wie Coca-Cola.

Die für Menschen tödliche Menge von
Schokolade liegt bei gut 10 kg, was
rund 100 Tafeln Milka-Vollmilch entspricht.
Für einen Singvogel kann bereits ein
einziges M & M tödlich sein.

⚡

Alle blauäugigen Menschen sind Mutanten.
Diese Mutation ist gerade einmal 5000 Jahre alt.

⚡

Obwohl Kühe nur Gras fressen, besitzen
sie 25 000 Geschmacksknospen –
zweieinhalbmal mehr als Menschen.

⚡

Auf Amerikanisch-Samoa ist es verboten,
mit einem Lautsprecher zu betteln.

Mit dem Wasserstoff, den ein
Erwachsener pro Jahr in seinem
Urin produziert, ließe sich
ein Auto 2700 km weit fahren.

Vor der Renaissance
waren drei Viertel aller Bücher
weltweit auf Chinesisch.

Katujjiqatigiittiarnirlu
ist Inuktitut für »Einfachheit«.

Der Penis der Seepocke kann
bis zu zwanzigmal länger sein
als ihr Körper.

27 000 BÄUME WERDEN TÄGLICH FÜR TOILETTEN-PAPIER GEFÄLLT.

Die durchschnittliche Klobrille ist viel sauberer als die durchschnittliche Zahnbürste.

An unseren Zähnen leben rund 10 000 Millionen Bakterien pro Quadratzentimeter.

Wenn man einen Hammerhai umdreht und am Bauch kitzelt, fällt er 15 Minuten lang in eine Schockstarre.

Beethoven hatte belgische Vorfahren.

In Irland gibt es keine Maulwürfe.

Die Hinterlassenschaften
der US-Missionen auf dem Mond
sind sechs Schrottfahrzeuge und
50 Tonnen Müll.

Weil auf dem Mond kein Wetter
herrscht, sind die Fußstapfen der zwölf
Menschen, die auf seiner Oberfläche
herumgelaufen sind, noch immer dort.

Die meisten Astronauten werden
im All fünf 5 cm größer.

Im Heck eines Flugzeugs überleben
im Schnitt 69 Prozent der Passagiere
einen Absturz, im vorderen Teil
sind es nur 49 Prozent.

Der britische Secret Service plante,
Hitlers Karotten heimlich mit
weiblichen Hormonen zu versetzen,
um ihn »weiblicher« zu machen.

Auf einen einzigen Teelöffel passen
bis zu 2000 Karottensamen.

Das australische Melbourne hieß ursprünglich »Batmania«.

40 Prozent aller weltweit verkauften Wasserflaschen enthalten abgefülltes Leitungswasser.

Weltweit sterben doppelt so viele Menschen durch Verkaufsautomaten wie durch Haiangriffe.

Bei der Behandlung von Depressionen sind Placebos um 30 Prozent effektiver als »echte« Medikamente.

Würde für jede verkaufte Coca-Cola
ein Baum gepflanzt, ließe sich
die Erde innerhalb von drei Jahren
wieder aufforsten.

Der Erfinder des Verfallsdatums für Lebensmittel
(ursprünglich für Milch) war Al Capone.

Ameisen überleben in Mikrowellen, weil sie
die Strahlung orten und ihr ausweichen können.

ANTHOPHOBIE BEZEICHNET DIE KRANKHAFTE FURCHT VOR BLUMEN.

Die griechische Nationalhymne
besitzt 158 Verse, von denen aber
nur zwei je gesungen werden.

Die spanische Nationalhymne
hat überhaupt keinen Text.

In einigen Gebieten der Antarktis
hat es in den vergangenen zwei Millionen
Jahren weder geregnet noch geschneit.

Nur 35 Prozent der Follower
eines durchschnittlichen Twitter-Users
sind echte Menschen.

Das altgriechische Wort für den Vogel Strauß
war *strouthokamelos* – »Kamelspatz«.

»Influenza« leitet sich vom Italienischen für »Einfluss« ab, weil man lange glaubte, Krankheiten wie die Grippe würden durch den Einfluss der Sterne ausgelöst.

Das gesamte Internet wiegt etwa so viel wie eine große Erdbeere.

Ein männlicher Glattwal ist nur rund halb so groß wie ein männlicher Blauwal, doch seine Hoden sind fünfmal größer: Jeder einzelne wiegt etwa so viel wie ein Pferd.

Bei einer Toilettensitzung von acht Stunden verbrennt man genauso viele Kalorien wie bei einem einstündigen Dauerlauf.

Im Sudan stehen mehr
Pyramiden als in Ägypten.

Steve Jobs war halber Syrer,
und sein Jahresgehalt als CEO
von Apple betrug 1 Dollar.

Die systematische chemische Bezeichnung
für Titin ist 189 919 Buchstaben lang.
Das größte bekannte Protein trägt somit
auch den längsten Namen einer
chemischen Verbindung.

In Japan heißt die Hauptfigur der
Tim-und-Struppi-Comics »Tantan«.
Die Idee, ihn wie im französischen Original
»Tintin« zu nennen, wurde verworfen,
weil dies »Chin-Chin« ausgesprochen
und somit »Penis« bedeuten würde.

Kim Il-sung, der Begründer Nordkoreas, wurde an dem Tag geboren, an dem die *Titanic* sank.

Kim Il-sungs Enkel Kim Jong-nam fiel beim Nordkoreanischen Regime in Ungnade, weil er versucht hatte, mit einem falschen Pass nach Japan einzureisen, um das dortige Disneyland zu besuchen.

Korea heißt auf Finnisch »schön« oder »prachtvoll«.

Zwischen 1917 und 1940 bestand die Behandlung von Syphilis-Patienten darin, sie mit Malaria zu infizieren.

IM FERNSEHEN FINDEN ETWA ZEHNMAL SO VIELE VERBRECHEN STATT WIE IN DER ECHTEN WELT.

In den USA leben nur 5 Prozent der Weltbevölkerung, jedoch fast 25 Prozent aller Gefängnisinsassen.

Wenn ein Navajo-Baby zum ersten Mal lacht, feiert die Familie ein Fest – derjenige, der den Säugling zum Lachen gebracht hat, muss das Essen bezahlen.

2010 besaß die italienische Regierung einen offiziellen Fuhrpark von 629 000 Autos – zehnmal so viele wie die US-Regierung.

Das Romani-Wort für
Fernseher ist *dínilo's dikkaméngro* –
»Sehkiste für Idioten«.

Zwei Drittel aller Menschen,
die je älter als 65 Jahre alt geworden
sind, leben noch heute.

Der erste Olympiateilnehmer der Geschichte,
der wegen Dopings disqualifiziert wurde,
war der Schwede Hans-Gunnar Liljenwall:
Bei den Spielen von Mexiko 1968 hatte er vor
dem Pistolenschießen zwei Bier getrunken,
um seine Nerven zu beruhigen.

Die zehn giftigsten
Schlangenarten der Welt kommen
alle nur in Australien vor.

Wenn man Schlangen Alka-Seltzer füttert, explodieren sie. Grund sind die hochkonzentrierten Säuren in ihren Mägen.

Bei der Schlacht von Waterloo verlor der Marquis of Anglesey ein Bein – es wurde mit militärischen Ehren in einem nahe gelegenen Garten beerdigt.

2003 finanzierte die britische Kulturförderung ein Projekt, um herauszufinden, wie lange Affen brauchen würden, um die Werke Shakespeares zu verfassen. Nach sechs Monaten hatten die sechs Makaken kein einziges sinnvolles Wort getippt, dafür aber den Computer zertrümmert und die Tastatur als Toilette benutzt.

2001 hielten sieben chilenische Dichter im Affengehege des Zoos von Santiago eine Lesung ab, um zu beweisen, dass Paviane für Poesie empfänglicher sind als der durchschnittliche Chilene.

2020 wird in China die Anzahl der Männer
im heiratsfähigen Alter die der Frauen
voraussichtlich um 30 Millionen übersteigen.

Leo Tolstois Ehefrau hielt das Manuskript
von *Krieg und Frieden* handschriftlich
fest und schrieb es sogar noch sechsmal ab.

Zeus hatte fünf Ehefrauen. Eine davon war
seine Tante, eine andere seine ältere Schwester,
und eine dritte wurde von ihm verspeist.

Im Jahr 1672 lynchte ein aufgebrachter
Mob den holländischen Regierungschef
und aß Teile von ihm auf.

Etwa die Hälfte des schwarzen Pfeffers weltweit stammt aus Vietnam.

FÜTTERT MAN KANARIENVÖGELN ROTE PAPRIKA, WERDEN SIE ORANGE.

Der Name »Kanarische Inseln« stammt aus dem Lateinischen und bedeutet »Hundeinseln«.

Die Katze war ursprünglich ein Hund: Das Wort leitet sich vom lateinischen *catulus* für »Hündchen« oder »Welpen« ab.

Auf Bali isst man Libellen – entweder in Kokosmilch, gewürzt mit Ingwer, Knoblauch und Schalotten, oder einfach nur knusprig gegrillt.

Salvador Dalí fürchtete sich panisch vor Heuschrecken. Schon als Schüler hatte er solche heftigen Angstattacken, dass sein Lehrer verbat, im Unterricht auch nur das Wort auszusprechen.

Kali ist die Hindu-Göttin des Todes, der Gewalt, der Sexualität – und der Mutterliebe.

Mali bedeutet auf Bambara, der Hauptsprache des westafrikanischen Landes, schlicht »Nilpferd«.

Der südamerikanische Revolutionär Simón Bolívar war – zu unterschiedlichen Zeiten, wohlgemerkt – Präsident von Bolivien, Kolumbien, Ecuador, Peru und Venezuela.

Der vietnamesische Revolutionär Ho Chi Minh arbeitete 1914 im Londoner Carlton-Hotel als Konditorlehrling für den Meisterkoch Auguste Escoffier.

In seiner Zeit als Organist stahl Puccini Orgelpfeifen, um sie zu verkaufen – dann arrangierte er die Stücke so um, dass niemand die fehlenden Töne bemerkte.

Der Komponist Arnold Schönberg fürchtete sich zeitlebens vor der Unglückszahl 13. Weil sieben und sechs dreizehn ergeben, hatte er Angst, mit 76 Jahren zu sterben. Und so kam es auch: Er starb am Freitag, den 13. Juli, um 13 Minuten vor Mitternacht.

Auf die Frage des Priesters, ob er seinen Feinden vergebe, soll der spanische General Ramón Blanco y Erenas (1833–1906) auf dem Sterbebett geantwortet haben: »Ich habe keine Feinde. Ich habe sie alle erschießen lassen.«

Im Jahr 2007 täuschte der Bosnier Amir Vehabovič seinen Tod vor, um herauszufinden, wie viele Menschen wohl zu seinem Begräbnis kommen würden. Nur seine Mutter erschien.

Das größte bekannte Krokodil und der kleinste Mann der Welt stammen beide von derselben philippinischen Insel.

Die Azteken brachten ihren Göttern jährlich 1 Prozent der Bevölkerung bzw. 250 000 Menschen als Opfer dar. Sie opferten zudem Adler, Jaguare, Schmetterlinge und Kolibris.

Kolibris essen 2000-mal am Tag und
halten jede Nacht eine Art Winterschlaf.

Seepferdchen sind die einzigen Fische,
die einen Hals besitzen und die
einzige Tierfamilie, in der die Männchen
die Jungen zur Welt bringen.

Krokodile haben keine Lippen und können
eine Stunde lang die Luft anhalten.

Die Durchschnittstemperatur
eines Bienenstocks gleicht
der des menschlichen Körpers.

Der König der Fidschi-Inseln steckte sich im Jahr 1875 bei einem Staatsbesuch in Australien mit Masern an und löschte dadurch ein Viertel seines eigenen Volkes aus.

In Nigeria werden jährlich mehr Filme gedreht als in den USA.

Nur drei Regionen der Welt haben je ihr Verkehrssystem von Rechtsverkehr auf Linksverkehr umgestellt: Osttimor (1975), Okinawa (1978) und Samoa (2009).

In den US-Bundesstaaten North Carolina, Arkansas, Maryland, Mississippi, South Carolina, Tennessee und Texas ist es Atheisten verboten, ein öffentliches Amt zu bekleiden.

Victor Hugos *Les Misérables* enthält einen Satz mit 823 Wörtern, der über 93 Kommata und 51 Semikola verfügt.

Ernest Hemingways Mutter schämte sich so für dessen Roman *Fiesta*, dass sie ihrem eigenen Lesezirkel fernblieb, als das Buch dort besprochen wurde.

Einem frühen Presseberater Adolf Hitlers gefiel dessen Bart nicht, weshalb er dem »Führer« riet, ihn abzurasieren. Hitler soll geantwortet haben: »Wenn der Bart noch nicht in Mode ist, dann wird er es jetzt, denn schließlich trage ich ihn.«

Der kürzeste Krieg der Geschichte fand zwischen Großbritannien und Sansibar am 27. August 1896 statt. Sansibar ergab sich nach 38 Minuten.

Um die Mumie von Ramses II. im Jahr 1974 nach Frankreich zu verschiffen, musste dem Pharao ein Pass ausgestellt werden. Unter »Beruf« war vermerkt: »König (verstorben)«.

Wenn sie einen neuen Stift ausprobieren, schreiben 97 Prozent aller Menschen ihren eigenen Namen.

AN 20 PROZENT ALLER VERKEHRSUNFÄLLE IN SCHWEDEN IST EIN ELCH BETEILIGT.

12 Prozent der in den USA konsumierten Coca-Cola wird zum Frühstück getrunken.

Inuit benutzen Kühlschränke,
um ihre Lebensmittel vor dem
Einfrieren zu bewahren.

Der größte Frosch der Welt ist
größer als die kleinste Antilope.

Ehebrechern drohte im alten
Griechenland die sogenannte Rettichstrafe.
Dabei wurde dem Delinquenten
mit dem Holzhammer ein Rettich
in den Hintern gerammt.

Ein Oktopus kann sich durch Öffnungen
hindurchzwängen, die so groß sind wie
sein eigener Augapfel.

Menschen und Elefanten sind die einzigen Lebewesen, die ein Kinn haben.

Das Albanische kennt 27 Wörter für unterschiedliche Arten von Schnurrbärten und 30 Wörter für Augenbrauen.

Im 9. Jahrhundert hieß Irland noch »Schottland« *(Scotia)* und Schottland hieß »Albanien« *(Albania)*.

Biber besitzen durchsichtige Augenlider, um unter Wasser mit geschlossenen Augen sehen zu können.

Zeppo Marx, der jüngste der Marx Brothers, erfand die Haltevorrichtung, mit der die Atombomben von Hiroshima und Nagasaki am Flugzeug befestigt waren.

Menschen sind abends rund 1 Prozent kleiner als morgens.

Philematologie ist die Wissenschaft, die sich mit dem Küssen beschäftigt.

Rechnet man die gesamte Zeit, in der wir blinzeln, zusammen, verbringen wir ein Jahr und zwei Monate unseres wachen Lebens in völliger Dunkelheit.

Der kleinste Baum der Welt ist die grönländische Krautweide: Sie misst gerade einmal 5 cm.

Der Durchmesser des kleinsten Reagenzröhrchens der Welt ist 10 000-mal geringer als der eines menschlichen Haares.

Honigbienen wissen immer, wo die Sonne ist, selbst wenn sie sich auf der anderen Erdhälfte befindet.

Handtücher spielen in der Kultur Weißrusslands eine zentrale Rolle, und sogar auf der Landesflagge ist ein besticktes Tuch abgebildet. Bei einer traditionellen belorussischen Hochzeit zieht die Braut bei ihrem Gang zur Kirche ein Handtuch hinter sich her.

13 Prozent Weißrusslands
bestehen aus Sumpf.

Die Amerikanische Psychiatrische Vereinigung stufte Homosexualität noch bis 1973 als Geisteskrankheit ein.

Der Sudan ist das einzige Land der Welt, in dem die Kreuzigung noch eine offizielle Hinrichtungsmethode ist.

AUF FRANZÖSISCH HEISST WALKIE-TALKIE UN TALKIE WALKIE.

Wenn sich die Einwohnerzahl einer Stadt verdoppelt, steigen Kriminalitätsrate, Krankheitshäufigkeit und durchschnittliche Gehgeschwindigkeit um 15 Prozent an.

Um Kerosin zu sparen, fliegen Fluggesellschaften weltweit heute rund 10 Prozent langsamer als noch 1960.

Fällt ein Apfel auf die Erde, so fällt auch die Erde ein klein wenig in Richtung Apfel.

1568 verurteilte die Katholische Kirche die gesamte Bevölkerung der Niederlande wegen Ketzerei zum Tode.

Stalin ließ Schamanen aus
Hubschraubern werfen, um zu sehen,
ob diese wirklich fliegen konnten.

Nazi bedeutet auf Swahili
»Kokosnuss«.

Die musikalische Laufbahn von
Keith Richards begann 1953 als Chorjunge
bei der Krönung der Queen.

Delfine erneuern ihre oberste Hautschicht
alle zwei Stunden.

Papier lässt sich nur sechsmal recyceln. Danach sind die Fasern zu schwach, um das Material zusammenzuhalten.

2011 untersuchte Wirtschaftsnobelpreisträger Daniel Kahneman die Strategien der 25 besten Wall-Street-Aktienhändler: Er fand heraus, dass sie auf längere Sicht nicht erfolgreicher waren als ein Schimpanse, der eine Münze warf.

Die am weitesten verbreitete Therapie für eine *Angina Pectoris* ist Nitroglyzerin. Es wird in Form von Pillen, Sprays oder Pflastern verabreicht.

Google hieß ursprünglich BackRub (»Rückenmassage«).

Der Mann, nach dem die Parkinson'sche Krankheit benannt ist, wurde einst verhaftet, weil er geplant haben soll, König George III. mit einem vergifteten Luftgewehrbolzen zu ermorden.

Dem Mann, nach dem das Tourette-Syndrom benannt ist, wurde von einer seiner Patientinnen in den Kopf geschossen.

Bis 1857 war es für britische Ehemänner legal, ihre Frau zu verkaufen. Der gängige Preis betrug damals 3000 Pfund (heute umgerechnet 28 000 Euro).

Thomas Edison machte seiner zweiten Frau einen Heiratsantrag in Morsezeichen.

Im Alter von 19 Jahren ging Johann Sebastian Bach über 650 km zu Fuß, um ein Konzert des Komponisten Buxtehude zu hören.

Wenn ein Auto merkwürdige Geräusche macht, sagt man auf Französisch: *J'ai des rossignols* (»Ich habe die Nachtigallen«).

Heringe reden mit ihrem Hintern, indem sie Luftbläschen aus ihrem After ausstoßen.

Der hohe Kochhut des Küchenchefs (auch *toque blanche* genannt) besaß traditionell exakt 100 Falten – eine für jede Art, auf die man ein Ei kochen kann.

Es gab einmal Bestrebungen, die Stadt New York in »Brimaquonx« umzutaufen – eine Kombination aus allen Stadtteilen: Brooklyn, Staten Island, Manhattan, Queens und Bronx.

Hapax legomenon bezeichnet ein Wort oder eine Phrase, die nur ein einziges Mal in einem Text vorkommt.

Albert Einsteins gesamtes Nobel-Preisgeld von 32 000 Dollar ging an seine erste Frau Mileva als Teil ihrer Scheidungsvereinbarung.

In Saudi-Arabien gibt es keine Flüsse.

Der Onyx River ist der einzige Fluss der Antarktis. Er fließt nur 60 Tage im Jahr, im Hochsommer.

1979 wechselte der uruguayische Fußballer Daniel Allende von Central Español zu Rentistas für eine Ablösesumme von 550 Beefsteaks, die in Raten von 25 Steaks pro Woche zu entrichten war.

Kurz bevor John F. Kennedy das Handelsembargo gegen Kuba unterschrieb, schickte er seinen Pressesprecher los, um ihm rasch noch 1000 kubanische Zigarren zu besorgen.

RHABARBER IST EIN GEMÜSE.

Einige Arten von Skorpionen können mit einer Mahlzeit im Jahr überleben.

Hunde können riechen, wo Elektrizität geflossen ist, und erschnüffeln selbst eine Woche alte menschliche Fingerabdrücke.

Über 10 000 Purpurschnecken mussten zerstoßen werden, um eine einzige römische Toga rot zu färben.

Red Bull ist in Norwegen, Dänemark, Uruguay und Island verboten.

Sitting Bull hieß ursprünglich Jumping Badger (»Springender Dachs«).

Als Fidel Castro die Macht auf Kuba übernahm, ließ er alle *Monopoly*-Spiele vernichten.

Während der ersten Wochen im Mutterleib wächst der menschliche Körper am schnellsten. Würde er in den nächsten 50 Jahren mit der gleichen Geschwindigkeit weiterwachsen, wäre ein Mensch größer als der Mount Everest.

Die Produktion von einem Kilogramm Rindfleisch verbraucht über 15 000 Liter Trinkwasser.

Das türkische Wort für
»Kannibale« lautet *yamyam*.

Käse war 2011 das meistgestohlene
Lebensmittel der Welt.

Der Mädchenname von Buzz Aldrins
Mutter lautete »Moon«.

Die meisten Bienen summen
in der Tonart A. Nur wenn sie müde
werden, summen sie in E.

Die drei Personen, nach denen in der Datenbank der Nobelpreisnominierungen am häufigsten gesucht wird, sind Mahatma Gandhi, Josef Stalin und Adolf Hitler.

Die erste Wetterkarte der Welt, die am 1. April 1875 in der *Times* veröffentlicht wurde, gab das Wetter des *vorherigen* Tages an.

Zwei französische Könige starben aufgrund ihrer Begeisterung für Tennis: König Ludwig X. (1298–1316) zog sich nach einem besonders anstrengenden Match eine tödliche Erkältung zu, und Karl VIII. (1470–1498) fiel nach dem Spiel in ein Koma, aus dem er nie mehr erwachte. Auf dem Weg zum Court hatte er sich den Kopf an einem Türsturz gestoßen.

Jährlich werden mindestens 100 Millionen Haie von Menschen getötet: Das sind rund 11 000 pro Stunde.

Weibliche Blattläuse sind
bei der Geburt bereits schwanger mit
weiteren weiblichen Blattläusen.

Der Bienenkolibri (auch Bienenelfe
genannt) ist der kleinste Vogel der Welt.
Er wiegt etwa so viel wie ein Teebeutel.

Die größte Anzahl von Bienenstichen,
die je ein Mensch überlebt hat, liegt bei 2443.

Der böhmische General Jan Žižka befahl
seinen Untergebenen, ihm nach dem Tod die
Haut abzuziehen und damit eine Kriegstrommel
zu bespannen. Das Instrument wurde tatsächlich angefertigt und in Zeiten nationalen
Notstands geschlagen, etwa beim Ausbruch
des Dreißigjährigen Krieges im Jahr 1618.

Das Skifahren wurde in der Schweiz erst 1893 durch Arthur Conan Doyle populär gemacht.

Nelson Mandela wurde erst 2008 von der US-Liste terrorverdächtiger Personen gestrichen.

ZUCKERWATTE HEISST AUF AFRIKAANS SPOOKASEM (»GEISTERATEM«).

Auf Hebräisch heißt Zuckerwatte *searot savta* (»Omas Haare«).

Auf Französisch heißt Zuckerwatte
barbe à papa (»Papas Bart«).

⚡

1992 wurden in Frankreich die Regelungen zur Namenswahl für Neugeborene gelockert. Im Jahr darauf war der beliebteste Vorname für Jungen »Kevin«.

⚡

Der französische Philosoph Voltaire erklärte die Funde versteinerter Muscheln im Gebirge damit, dass sie Urzeitmenschen beim Picknick dort liegen gelassen hätten.

⚡

Der französische Mathematiker Descartes vermutete, dass Affen sprechen könnten, aber lieber stumm blieben, um zu vermeiden, dass man sie zur Arbeit zwingt.

Zwei Drittel der Menschheit haben
noch nie Schnee gesehen.

Ein einziger Mann produziert
im Laufe von zwei Wochen genügend
Spermien, um alle gebärfähigen
Frauen der Welt zu schwängern.

Gemäß des schottischen
Tierschutzgesetzes von 1912 ist
das Monster von Loch Ness
eine geschützte Tierart.

Eric Clapton und Jack Nicholson
wuchsen beide in dem Glauben auf,
ihre Großmutter sei ihre Mutter und
ihre Mutter sei ihre Schwester.

Sowohl John Cleese als auch
Michael Caine und Marc Bolan kauften
sich einen Rolls Royce, bevor sie
ihn überhaupt fahren durften.

Um zu vermeiden, von einer
Radarkamera geblitzt zu werden, müsste
man 45 000 km/h schnell fahren.

Im Durchschnitt erneuert sich
die Haut eines Menschen im Laufe
seines Lebens 900-mal.

Die Luft in einem Wohnraum durchschnittlicher Größe wiegt rund 45 kg.

Auf Zypern fanden Archäologen 2008 auf einer Bleitafel aus dem 7. Jahrhundert die Inschrift: »Möge dein Penis schmerzen, wenn du Liebe machst.« Verfasser und Grund des Fluchs sind unbekannt.

Der erste kommerziell produzierte Kaugummi kam 1871 auf den Markt. Sein Erfinder Thomas Adams hatte zuvor vergeblich versucht, aus dem Material Autoreifen herzustellen.

Bevor die englische Queen ein Paar neue Schuhe trägt, werden sie zunächst von einem Mitglied des Hofstaats eingelaufen.

Spinnen sind ausgesprochen karnivor: Sperrt man 10 000 Spinnen in einen geschlossenen Raum, bleibt am Ende eine unglaublich dicke Spinne übrig.

Jedes Jahr am 15. August lädt der Fürst von Liechtenstein, Prinz Hans-Adam II., die gesamte Bevölkerung zu einem Fest in sein Schloss ein.

Seit 1959 ist es in Frankreich erlaubt, auch Verstorbene zu heiraten – vorausgesetzt, man kann beweisen, dass die Hochzeit bereits geplant war.

JEDES JAHR GEHEN IN JERUSALEM TAUSENDE VON BRIEFEN EIN, DIE AN »GOTT« ADRESSIERT SIND.

Ein rotes Blutkörperchen kann in 20 Sekunden einmal durch den gesamten Körper wandern.

Ließe man sich Magensäure auf die Haut tropfen, würde sie ein Loch hineinätzen.

Ein gesundes menschliches Herz kann Blut fast 10 m weit spritzen.

Wenn man errötet, färbt sich auch die Magenschleimhaut rot.

Von dem Mais, der für eine
SUV-Tankfüllung Biosprit benötigt
wird, könnte sich ein Mensch
ein ganzes Jahr ernähren.

J. R. R. Tolkien tippte das gesamte 1200 Seiten
starke Manuskript von *Der Herr der Ringe*
mit zwei Fingern.

Wenn er sich einen Kaffee aufgoss, zählte
Beethoven stets exakt 60 Bohnen ab,
um sicherzustellen, dass er immer genau
dieselbe Stärke besaß.

Casanova war Bibliothekar.

In Dublin sind Straßenmusiker
per Gesetz dazu verpflichtet,
über ein Repertoire von mindestens
20 Liedern zu verfügen.

Die Band Aerosmith hat mehr Geld
mit dem Videospiel *Guitar Hero* verdient
als mit irgendeinem ihrer Alben.

Die Highways im Westen der
USA folgen den Wanderrouten
der amerikanischen Bisons.

In Indien gibt es knapp 155 000 Postämter,
mehr als irgendwo anders in der Welt und
fast doppelt so viele wie in China.

25 Prozent aller iranischen Filme werden von Frauen gedreht. In den USA sind es 4 Prozent.

Die Niederlande exportieren mehr Sojasoße als Japan.

In Tokio gibt es dreimal so viele mit *Michelin*-Sternen ausgezeichnete Restaurants wie in Paris.

IN DER SCHWEIZ GIBT ES MEHR WAFFEN PRO EINWOHNER ALS IM IRAK.

Ameisen nicken einander
beim Vorbeigehen zu.

Der älteste lebende Organismus der Welt ist ein Seegrasteppich im Mittelmeer zwischen Spanien und Zypern. Sein Alter wird auf 200 000 Jahre geschätzt.

Das Gegenteil von Plankton ist Nekton – das sind alle Lebewesen, die in der Lage sind, sich eigenständig und kontrolliert durch das Wasser zu bewegen, anstatt nur von der Strömung getrieben zu werden. Fische, Delfine und Menschen sind Nekton.

Higgs-Bosonen, wenn es sie denn gibt, haben eine Lebensdauer von 1 Zeptosekunde – einem Tausendstel eines Milliardstels eines Milliardstels einer Sekunde.

Der Hundertjährige Krieg
dauerte 116 Jahre.

Argentinische Wissenschaftler haben herausgefunden, dass Viagra bei Hamstern gegen Jetlag hilft. Nager, die das Potenzmittel verabreicht bekamen, erholten sich etwa doppelt so schnell.

Die rund 1 Million Einwohner der chinesischen Stadt Zhuji stellen jährlich 8 Milliarden Paar Socken her – das sind 35 Prozent der weltweiten Sockenproduktion.

In Italien gilt nicht die 13 als Unglückszahl, sondern die 17.

Edward Elgar (1857–1934) ist der
einzige namhafte Komponist, der das
Fagott beherrschte.

Bevor er Maler wurde,
entwarf René Magritte Muster
für eine Tapetenfabrik.

Die EU gibt jährlich über
1 Milliarde Euro für Übersetzungen aus.

Die tödliche Dosis Koffein liegt bei
rund 50 doppelten Espressi.

Red Bull sollte ursprünglich
»Red Water Buffalo« heißen.

In einer 15-minütigen Besprechung
zu sitzen erfordert mehr Energie, als Usain Bolt
für drei 100-Meter-Sprints benötigt.

Fast jede Hauskatze kann schneller
rennen als Usain Bolt.

Paranüsse sind so radioaktiv,
dass eine Hosentasche voller
Nüsse in einem Atomkraftwerk
den Alarm auslösen kann.

Brieftauben folgen heute vermehrt großen Schnell- und Umgehungsstraßen, anstatt sich auf ihre instinktiven Navigationskünste zu verlassen.

Die stolze Besitzerin der ersten Brustimplantate aus Silikon war eine Hündin namens Esmeralda.

In Frankreich gibt es heute nur noch zwei Barett-Fabriken.

In Vietnam wurden 2008 die Haltung und der Verkauf von Hamstern verboten.

Monty Pythons *Das Leben des Brian* wurde in Schweden einst mit dem Slogan beworben: »Der Film, der so komisch ist, dass er in Norwegen verboten wurde.«

Das Verbot des Fez in der Türkei führte 1925 zu Ausschreitungen, Hinrichtungen und einem florierenden Schwarzmarkt für traditionelle Kopfbedeckungen.

Das türkische Wort für Ski ist *kayak*.

Der Vatikan ist der einzige Ort der Welt, wo Geldautomaten auch die Sprachoption »Lateinisch« anbieten.

Der Schaum in Feuerlöschern
wird unter anderem aus den Hufen
von Kühen hergestellt.

Im menschlichen Darm befinden
sich tausendmal mehr Bakterien, als es
Sterne in der Milchstraße gibt.

Kammmuscheln besitzen
bis zu 100 Augen.

**DIE GOTTESANBETERIN
HAT NUR EIN OHR,
UND ES BEFINDET SICH
ZWISCHEN IHREN BEINEN.**

Der Erste Weltkrieg endete offiziell
erst am 3. Oktober 2010.

In heutigen Kriegen sterben
mehr Zivilisten als Soldaten, weshalb
es während eines Krieges in der
Armee am sichersten ist.

Noch 35 Jahre nach dem Schulabschluss
sind die meisten Menschen in der Lage,
90 Prozent ihrer Klassenkameraden
wiederzuerkennen.

Die Energie, die Pflanzen täglich
aus Sonnenlicht gewinnen,
entspricht dem Sechsfachen des
weltweiten Energieverbrauchs.

Eine Million Jahre lang zählte die Weltbevölkerung nie mehr als 26 000.

Die zwei letzten Menschen, die noch die seltene mexikanische Sprache Ayapaneco beherrschen, sind beide über siebzig und weigern sich, miteinander zu sprechen.

99 Prozent aller Arten, die je auf der Erde gelebt haben, sind heute ausgestorben.

Säuglinge werden ohne jegliche Bakterien im Körper geboren.

In China ist es verboten,
zur Essenszeit TV-Werbung für
Hämorrhoidensalbe zu senden.

Der wahre Name von Winnie Pu
lautet Edward Bear.

Die ersten Kakerlaken tauchten
schon 120 Millionen Jahre vor
den Dinosauriern auf.

Der Himalaya entstand
erst 25 Millionen Jahre nach dem
Aussterben der Dinosaurier.

Sämtliche Berge auf dem Saturnmond Titan sind nach Gipfeln aus *Der Herr der Ringe* benannt.

J. R. R. Tolkien und Adolf Hitler kämpften beide in der Schlacht an der Somme.

In Nazideutschland erhielt jedes frisch getraute Paar ein Exemplar von Hitlers *Mein Kampf*.

Mussolini nannte *Mein Kampf* einmal einen »langweiligen Schinken«, den er nie habe lesen können.

Eine rohe Möhre ist noch immer
am Leben, wenn man sie isst.

Die Hälfte der weltweit produzierten
Lebensmittel wandert in den Müll.

Die Nase des Bluthundes
ist eine Million Mal sensibler
als die des Menschen.

Die Helme von Astronauten
enthalten ein kleines Stück
Klettband, mit dem sie sich an
der Nase kratzen können.

Das erste Produkt der Firma
Samsung war getrockneter Fisch.

WRIGLEY'S STELLTE URSPRÜNGLICH SEIFE HER.

Die älteste Brücke von Paris
ist die Pont Neuf (»Neue Brücke«).

Die Hälfte aller Tier- und Pflanzenarten kommt nur in einem einzigen Land vor und nirgendwo sonst.

Die meisten Muscheln sind männlich, wenn sie auf die Welt kommen, doch die Hälfte wechselt im Laufe des Lebens das Geschlecht.

Der Green Zone Golf Club liegt genau auf der Grenze zwischen Finnland und Schweden: Eine Hälfte der Löcher befindet sich in dem einen, die andere in dem anderen Land.

Die erste Frau, die je Golf gespielt hat, war die schottische Königin Maria I. (Maria Stuart).

Agatha Christie war eine begeisterte Surferin.

George W. Bush war in seiner
Collegezeit Cheerleader.

Bruce Lee war 1958 Hongkong-Meister
im Cha-Cha-Cha-Tanzen.

Als ältester heute noch gepflegter Tanz
gilt der österreichische Schuhplattler.

Das älteste bekannte Tier war eine
405 Jahre alte isländische Muschel.
Sie starb erst, als Forscher versuchten,
ihr Alter zu bestimmen.

Mittwochnachts um 3.30 Uhr sehen Frauen (für ihr Alter) am ältesten aus.

Safari bedeutet auf Swahili »Reise«.

Unser Sonnensystem bewegt sich mit einer Geschwindigkeit von 792 000 km/h durch die Galaxis.

Der Schwarzschnabel-Sturmtaucher legt in seinem Leben über 8 Millionen Kilometer zurück.

Der Begriff »Zugunruhe« beschreibt
die zunehmende Aktivität von
Käfigvögeln während des Vogelzugs.

Stadtvögel kleiden ihre Nester heute
oft mit Zigarettenstummeln aus:
Nikotin ist ein wirksames Insektizid,
das Milben, Läuse und Flöhe fernhält.

Der Nektar von Zitruspflanzen enthält
Koffein, um Bienen anzulocken.

Lalochezie bezeichnet den Gebrauch
von Schimpfwörtern, um Stress oder
Schmerzen zu verringern.

Der elektrische Stuhl wurde
von einem Zahnarzt erfunden.

Die erste Guillotine wurde von
einem Cembalo-Bauer konstruiert.

Die erste Privatdetektei wurde von
einem Kriminellen eröffnet.

SPEED DATING IST DIE ERFINDUNG EINES RABBIS.

Die schnellste Weltumrundung mit Linienflügen dauerte 44 Stunden.

Fast 80 Prozent aller Flugzeugabstürze ereignen sich in den ersten drei oder den letzten acht Minuten eines Fluges.

Nur 5 Prozent aller Menschen auf der Welt haben jemals in einem Flugzeug gesessen.

Fast die Hälfte aller Verkehrspiloten gibt zu, schon einmal im Dienst eingeschlafen zu sein.

Das erste von Menschenhand hergestellte Objekt im All war die deutsche V2-Rakete.

Für den Fall, dass sie bei ihrer Rückkehr in der sibirischen Wildnis landeten, nahmen russische Kosmonauten stets Waffen mit ins All.

In Kennesaw im US-Bundesstaat Georgia ist Waffenbesitz gesetzlich vorgeschrieben.

Der Marianengraben im Pazifik ist so tief, dass eine ins Wasser geworfene Münze über eine Stunde braucht, bis sie am Meeresgrund ankommt.

Bis zur Einführung anderer biologischer Weichmacher im Jahr 1908 wurde Leder üblicherweise mit Hundekot beschmiert, um es geschmeidig zu machen.

Der Eiffelturm sollte eigentlich 1909 wieder abgerissen werden.

Der Louvre wurde im Jahr 1190 als Festung gegen Angriffe der Wikinger erbaut.

Die Freiheitsstatue hat Schuhgröße 1200.

Harrison Ford war Schreiner: Er zimmerte gerade eine Tür für Francis Ford Coppola, als dessen Freund George Lucas ihn bat, beim Casting für *Star Wars* vorzusprechen.

Ozzy Osbourne arbeitete in einem Leichenschauhaus und in einer Schlachterei.

Warren Beatty verdingte sich vor seinem Durchbruch als Kammerjäger.

DANNY DEVITO IST GELERNTER FRISEUR.

Im Durchschnitt trägt jede Frau in ihrem Leben 150 verschiedene Frisuren.

Gesundes Haar kann sich im nassen Zustand um bis zu 50 Prozent dehnen.

Haare wachsen schneller, wenn man sich auf Sex freut.

In Manhattan wurde 1937 eine »Schule des Ausziehens« für Frauen gegründet, weil man der Meinung war, »mangelhafte Entkleidungstechniken« seien für den Anstieg der Scheidungsrate verantwortlich.

Magnolien sind die ältesten Blütenpflanzen der Erde, es gibt sie seit 100 Millionen Jahren.

⚡

Das Emblem der kanadischen Alzheimer-Gesellschaft ziert ein Vergissmeinnicht.

⚡

Die Existenz des fotografischen Gedächtnisses ist nie wissenschaftlich bewiesen worden.

⚡

Einem geköpften Plattwurm wächst ein neuer Kopf samt Gehirn und allen darin gespeicherten Erinnerungen.

Selbst wenn 75 Prozent einer
menschlichen Leber entfernt werden,
kann sie vollständig nachwachsen.

Auch Hopfen enthält Antioxidantien,
doch um gesundheitlich davon zu profitieren,
müsste man täglich 445 Liter Bier trinken.

Der französische Ringer
André »the Giant« Roussimoff trank
einmal in sechs Stunden 119 Bier.

1876 riet die Münchner
Gesundheitsbehörde stillenden
Müttern, täglich nicht mehr
als einen Liter Bier zu trinken.

Der Letzte, der die Sprache
des amazonischen Aturenvolkes
sprach, war ein Papagei.

Papageien können
bis zu 80 Jahre alt werden.

Einige Wale, die heute noch leben,
wurden vor der Veröffentlichung
von *Moby Dick* (1871) geboren.

Das reale Vorbild für *Moby Dick* war
ein Pottwal namens Mocha Dick.

Die »entmilitarisierte Zone« zwischen
Nord- und Südkorea ist das am
stärksten militarisierte Gebiet der Welt.

Im »Kesselkrieg« zwischen den Niederlanden
und dem Heiligen Römischen Reich im Jahr 1784
wurde nur ein einziger Schuss abgefeuert.
Er traf einen Suppenkessel.

Nokia stellte früher Gasmasken her –
die finnische Armee benutzte sie bis 1995.

APPLE HAT SICH DIE ABGERUNDETEN ECKEN FÜR ELEKTROGERÄTE PATENTIEREN LASSEN.

Die Blasen des ersten Kaugummis
ließen sich nur mit Terpentin aus dem
Gesicht entfernen.

Rund 95 Prozent aller Avocados,
die heute auf dem Markt sind, stammen von
einem einzigen Baum des kalifornischen
Briefträgers Rudolph Hass ab.

Ludwig XIII. von Frankreich nahm
sein erstes Bad mit sieben Jahren.

Jakob I. von England wusch nie mehr
als seine Fingerspitzen.

Zu jedem beliebigen Zeitpunkt sind 45 Millionen Menschen auf der Welt betrunken.

Ein beliebtes Kater-Essen der alten Römer war frittierter Kanarienvogel.

Als probates Mittel gegen Kopfschmerzen riet Plinius der Ältere dazu, sich die Geschlechtsteile eines Fuchses um die Stirn zu binden.

Wenn er Probleme beim Wasserlassen hatte, pflegte Chopin zu pfeifen oder Akkorde auf dem Klavier zu spielen.

Viagra wurde ursprünglich als Mittel gegen Angina erfunden.

Das Herz befindet sich nicht auf der linken Seite des menschlichen Körpers, sondern in der Mitte.

Mit jedem Herzschlag produziert ein zeugungsfähiger Mann 1500 neue Spermien.

Das Blut, das ein menschliches Herz im Laufe eines Lebens durch den Körper pumpt, könnte ein Fußballstadion füllen.

Die Schwangerschaft des Kragenhais dauert drei Jahre – länger als bei jedem anderen Lebewesen.

Die neuseeländische Tuatara-Echse – eine Spezies, die älter ist als die Dinosaurier – hat drei Augen.

Babys haben dreimal so viele Geschmacksknospen wie Erwachsene.

Kalmare schmecken mit ihren Tentakeln.

DIE CHINESISCHE FRUCHT SIRAITIA GROSVENORII IST 300-MAL SÜSSER ALS ZUCKER.

Die häufigste Todesursache von Elefanten in amerikanischen Zoos ist Übergewicht.

Kunga-Kuchen ist ein ostafrikanisches Gericht, das aus Millionen zerstoßener Mücken zubereitet wird.

Flamingozungen galten im alten Rom als Delikatesse.

Die Zunge eines Tigers ist so rau,
dass allein das Ablecken mit ihr
blutige Wunden verursacht.

1879 versuchte man im belgischen Lüttich
37 Katzen dazu abzurichten, die Post in
die umliegenden Dörfer auszutragen.
Das Projekt war ein totaler Fehlschlag.

Sowohl John Lennon als
auch Paul McCartney hatten
eine Katze namens »Jesus«.

Der Beatles-Klassiker *Yesterday* hieß
ursprünglich *Scrambled Eggs* (»Rührei«).

Albert Einsteins zweitbeste Idee war
nach eigenem Bekunden der Einfall,
seine Eier in der Suppe hart zu kochen,
um später weniger spülen zu müssen.

Der Mond ist eiförmig – er wirkt
auf uns nur rund, weil das dicke
Ende in Richtung Erde zeigt.

Der kälteste Ort im Sonnensystem
befindet sich in einem Krater am
Nordpol des Mondes.

Das russische Oimjakon gilt als kältester
bewohnter Ort der Erde. Sein einziges Hotel
hat kein warmes Wasser und lediglich
eine Außentoilette.

Im Jahr 1913 lebten Hitler, Stalin,
Trotzki, Tito, Freud, Jung und
Wittgenstein allesamt in Wien.

Weibliche Riesenspringratten
haben vier Brustwarzen: zwei in der
Achselhöhle und zwei im Schritt.

Der Snickers-Riegel ist nach
einem Rennpferd seines Erfinders
Frank Mars benannt.

Der Mensch hat einen Knochen
mehr im Körper als ein Pferd.

Menschenknochen sind
viermal so hart wie Beton.

Hirnzellen leben länger als alle anderen Zellen des Körpers.

Der Mensch hat auch Geschmacksrezeptoren in der Lunge.

Die Wahrscheinlichkeit, ein linkshändiges Kind zu bekommen, ist für eine vierzigjährige Mutter doppelt so hoch wie für eine Mutter in ihren Zwanzigern.

In Japan galt die Linkshändigkeit einer
Frau noch im frühen 20. Jahrhundert
als legitimer Scheidungsgrund.

Im aserbaidschanischen Naftalan
kann man in Rohöl baden, was gegen
Gelenkschmerzen helfen soll.

Als die britische Königin Viktoria 1873
ihr Amt antrat, gab es im Buckingham Palace
keine Badezimmer.

Ohrenwärmer wurden von einem
Dreizehnjährigen erfunden.

In Tutenchamuns Grab fand man
eine Sammlung verschiedener
Bumerangs sowie ein Klappbett.

Tutenchamun starb an einem
gebrochenen Bein.

Einige Wale werden mit einem kleinen Bein
geboren, das aus ihrem Körper herausragt.

Wale besitzen Hüftknochen, was bedeutet,
dass sie einst die Meere verlassen haben müssen
und an Land lebten, wo ihnen Beine wuchsen.
Anscheinend gefiel es ihnen dort nicht sonderlich,
weshalb sie wieder ins Meer zurückgingen.

Die Barhocker auf Aristoteles Onassis'
Jacht waren mit Walvorhäuten bezogen.

Der richtige Name des Indianerhäuptlings Geronimo war *Goyathlay*, was so viel bedeutet wie »Der, der gähnt«.

GÄHNEN KÜHLT DAS GEHIRN, SO WIE EIN GEBLÄSE DAS INNERE EINES COMPUTERS KÜHLT.

Ungeborene gähnen bereits im Mutterleib, außerdem schlucken sie, strecken sich und bekommen Schluckauf.

In der menschlichen Lunge befindet sich genügend Gewebe, um einen Tennisplatz zu bedecken.

Aus dem Kohlenstoff, der im Körper eines Menschen gebunden ist, ließen sich 9000 Bleistifte herstellen.

Allein durch das Atmen verliert jeder Mensch pro Nacht 1 Pfund Kohlenstoff.

Die höchste je in der Antarktis gemessene Temperatur liegt bei 15 °C.

Unter dem Eis der Antarktis befinden sich rund 300 Seen, die durch die Wärme des Erdkerns vor dem Einfrieren bewahrt werden.

Huskys sind seit 1994 in
der Antarktis verboten.

⚡

Auf dem Rückweg von seiner
erfolgreichen Südpolexpedition verspeiste
Roald Amundsen seine Huskys.

⚡

Nur ein Hund war bisher sowohl
am Nord- als auch am Südpol.

⚡

Russische Kosmonauten pinkeln
stets an das rechte Hinterrad des
Busses, der sie zur Rakete fährt.
Das soll ihnen Glück bringen.

James Deans letzter Auftritt vor seinem
tödlichen Autounfall war in einem
Werbefilm für Verkehrssicherheit.

Moses, Raffael, Ingrid Bergman,
Betty Friedan und der hawaiianische
König Kamehameha V. starben
an ihrem Geburtstag.

Das antike Alexandria war so angelegt,
dass das Sonnenlicht am Geburtstag Alexanders
des Großen direkt die Hauptstraße entlang fiel.

Galileo wurde an dem Tag geboren,
an dem Michelangelo starb.

Wer an Altersschwäche stirbt,
tut dies prozentual gesehen
am wahrscheinlichsten um
11.00 Uhr vormittags.

Kommt eine Kakerlake mit einem
Menschen in Berührung,
rennt sie fort und wäscht sich.

Ein Vogel Strauß kann einen Löwen
mit nur einem Tritt töten.

Johnny Cash wurde von einem Strauß
so schwer verletzt, dass er zeitlebens von
Schmerzmitteln abhängig war.

Cannabis wird in frühen arabischen Schriften auch als »Busch der Weisheit« und »Strauch der Gefühle« bezeichnet.

Noch 1850 behandelte man mit Cannabis in den USA unter anderem Tetanus, Typhus, Cholera, Tollwut, Ruhr, Alkoholismus, Milzbrand, Lepra, Schlangenbisse, Mandelentzündungen und Geistesgestörtheit.

Der Mensch kann eine Temperatur von 1000 °C neun Sekunden lang ohne bleibende Schäden überstehen.

Seit 1940 haben 157 Menschen einen Sturz aus dem Flugzeug ohne Fallschirm überlebt.

Seit 1990 sind mehr Menschen
durch Sandburgen als durch Haiangriffe
ums Leben gekommen.

Ein Känguru ist bei der Geburt
kleiner als eine Kirsche.

EIN »RENIFLEUR« IST JEMAND, DEM GERÜCHE SEXUELLE LUST BEREITEN.

Die menschliche Nase kann
bis zu 10 000 verschiedene Gerüche
unterscheiden.

Rhinotillexomania ist der
wissenschaftliche Ausdruck für
zwanghaftes Nasebohren.

Buckelwale sind
in der Lage, 20 Stunden lang
ununterbrochen zu singen.

Nachtigallen können sich mehr
als 200 verschiedene Melodien merken.

Jenga bedeutet »bauen« auf Swahili.

Die Uniformen der SS, SA,
HJ und Wehrmacht wurden
von Hugo Boss hergestellt.

Iran ist das einzige Land
der Welt, in dem es legal ist, seine
Nieren zu verkaufen.

Den Tempelrittern war es unter
Strafe verboten, Frauen zu küssen.

Im antiken Megara fand einst eine Form
Olympischer Spiele statt, bei der es auch
Wettbewerbe im Küssen gab. Es durften
jedoch nur Jungen teilnehmen.

Das kenianische Volk der Kalendjin macht nur 0,05 Prozent der Weltbevölkerung aus, stellt aber seit 1980 fast 50 Prozent der Gewinner aller großen Langstreckenläufe.

Mit der heute schnellsten Zeit eines Achtjährigen über 100 Meter hätte man bei der Olympiade von 1896 Bronze geholt.

Bei den Olympischen Spielen von 1984 gab es erstmals Wettbewerbe im Solo-Synchronschwimmen.

Eisbären können ohne Pause über 90 km weit schwimmen.

Ein Vogel Strauß könnte einen
Marathon in 45 Minuten laufen.

Austern ändern bis zu viermal
im Jahr ihr Geschlecht.

Männer haben eine höhere Wahrscheinlichkeit, beim Sex zu sterben,
wenn sie gerade fremdgehen.

Über ein Drittel der Männer,
die Online-Partnerbörsen nutzen,
sind verheiratet.

Der ägyptische König Ptolemaios VII. heiratete seine Schwester Kleopatra II., bei der es sich auch um die Witwe seines Bruders handelte. Somit war seine Ehefrau nicht nur seine Schwester, sondern auch seine Schwägerin.

Einstein, Rachmaninow, Darwin, H. G. Wells und Edgar Allan Poe waren allesamt mit ihren Cousinen ersten Grades verheiratet.

Der größte Flughafen der Mongolei ist nach Dschingis Khan benannt. Dieser hatte über 500 Ehefrauen und eine unüberschaubare Anzahl von Kindern: Etwa jeder zehnte Bewohner Zentralasiens ist sein direkter Nachfahre.

Im Koreanischen gibt es keine Wörter für »Bruder« oder »Schwester«, sondern nur unterschiedliche Begriffe für »älterer« oder »jüngerer Bruder« bzw. »ältere« oder »jüngere Schwester«.

Die kenianische Vampirspinne wird
von menschlichem Fußgeruch angezogen.

MÄUSE MÖGEN DEN DUFT VON MARIHUANA.

Das japanische Wort *kareishū* bezeichnet
den Geruch alter Leute.

Die leichte Duftspur,
die ein Parfüm im Raum hinterlässt,
nennt man »Sillage«.

Alle Neandertaler litten an
Laktoseintoleranz.

ϟ

Holly Golightly aus *Frühstück bei Tiffanys* sollte ursprünglich Connie Gustafson heißen.

ϟ

James Bond sollte ursprünglich James Secretan heißen.

ϟ

Ab einer Höhe von 100 m wachsen an einem Baum keine Blätter mehr.

Dreht man die Musik in einer Bar um 22 Prozent lauter, erhöht sich die Trinkgeschwindigkeit der Gäste um 26 Prozent.

Die Energie, die ein Fußballspieler während eines Spiels im Durchschnitt verbrennt, entspricht dem Brennwert von 15 Jaffa Cakes.

»Plutomanie« bezeichnet den wahnhaften Glauben, unermesslich reich zu sein.

Hewlett-Packard-Druckertinte ist 20-mal teurer als edler Champagner des 2003er Jahrgangs von Dom Pérignon.

Julius Cäsar besaß zwei Schwestern, die beide Julia hießen.

⚡

Karl und Jenny Marx nannten sämtliche ihrer vier Töchter Jenny.

⚡

George Foreman hat fünf Söhne: George Jr., George III., George IV., George V. und George VI. Seine einzige Tochter heißt Georgetta.

⚡

Um einem durchschnittlichen Menschen sämtliches Blut aus dem Körper zu saugen, müssten 1,2 Millionen Moskitos je einmal zustechen.

Mindestens 60 Prozent aller Arten auf der Welt sind Parasiten.

Der Nabel eines Menschen enthält im Durchschnitt 67 verschiedene Arten von Bakterien.

Michelangelo wurde der Ketzerei beschuldigt, weil er Adam in der Sixtinischen Kapelle mit Nabel dargestellt hatte.

Edvard Munchs *Der Schrei* wurde von einer peruanischen Mumie inspiriert, die der Maler in einem Pariser Museum gesehen hatte.

Der Louvre besitzt eine nackte Version der *Mona Lisa*, die von einem Schüler Da Vincis stammt.

Victor Hugo machte detailverliebte Aktzeichnungen von allen Frauen, mit denen er jemals geschlafen hatte.

Die teuerste Sexstellung, die Prostituierte im antiken Griechenland im Angebot hatten, hieß *keles* (»Das Rennpferd«).

Der römische Kaiser Elagabalus erfand ein Furzkissen, mit dem er bei Festessen gerne für Stimmung sorgte.

Die Aerodontie ist der Teil der Zahnmedizin, der sich mit den Zahnproblemen beim Fliegen beschäftigt.

Menschliche Zähne sind in der Lage, ein Sandkorn wahrzunehmen, das einen Durchmesser von einem Tausendstel Zentimeter besitzt.

KARPFEN HABEN ZÄHNE IN IHRER KEHLE.

Fettleibige Fahrer besitzen eine doppelt so hohe Wahrscheinlichkeit, bei einem Autounfall zu sterben, wie normalgewichtige.

Das größte Nagetier der Welt war ein venezolanisches Meerschweinchen von der Größe eines Büffels. Es lebte vor 8 Millionen Jahren in Südamerika.

Das größte wirbellose Tier war *Arthropleura*, ein 3 Meter langer Tausendfüßler, der in der Urzeit in Schottland lebte.

Als Vogel mit dem größten Vokabular gilt der 1998 verstorbene Wellensittich Puck. Sein Wortschatz umfasste 1728 Wörter – etwa so viele wie ein vierjähriges Kind beherrscht.

Das unlängst ausgestorbene Ubychisch, das einst im Kaukasus verbreitet war, kannte über 84 Konsonanten, aber nur zwei Vokale.

Das in Laos und Vietnam gesprochene Sedang kennt über 50 Vokallaute.

Oaia aia e a ei ist ein rumänischer Satz, der ausschließlich aus Vokalen besteht. Er bedeutet: »Dieses Schaf gehört ihr.«

Im Quallensee auf den Philippinen leben über 13 Millionen Quallen.

Bei einem einstündigen Sonnenbad am Ufer des russischen Karatschai-Sees setzt man sich einer potenziell tödlichen Dosis radioaktiver Strahlung aus.

Die zentraleuropäische Republik
Karpatho-Ruthenien existierte nur
einen einzigen Tag im Jahr 1939.

In Afghanistan lebt offiziell nur ein
einziger Bürger jüdischen Glaubens.

Niesen findet in der Bibel
nur zweimal Erwähnung.

Das Andamanische kennt
nur zwei Zahlwörter: Sie bedeuten
»eins« und »mehr als eins«.

Das antike Rom war achtmal dichter
besiedelt als das heutige New York.

Am Ende der altrömischen Mimenspiele
konnte das Publikum einfordern,
dass sich die weibliche Hauptdarstellerin
auf der Bühne auszog.

Stripteasetanzen gilt in Norwegen
aus steuerlichen Gründen als Kunstform.

In den USA sind Lösegeldzahlungen
an Entführer von der Steuer absetzbar.

In Armenien ist Schach in
der Schule Pflichtfach.

Damit sie ihn nicht bei der Arbeit
störten, gab Jean-Jacques Rousseau alle
seine fünf Kinder in ein Findelhaus.

Kamele besitzen drei Paar Augenlider
und acht Wimpernpaare.

DINOSAURIER HATTEN KEINE WIMPERN.

Das Gesicht eines Krokodils ist
zehnmal empfindlicher als menschliche
Fingerspitzen.

ϟ

Der Penis eines Alligators ist immer erigiert,
jedoch meist in einer Hautfalte verborgen.

ϟ

Eichhörnchen finden drei Viertel der Nüsse,
die sie vergraben haben, nie wieder.

ϟ

Das teuerste Auto der Welt, ein 1957er
Ferrari Testarossa, wechselte 2011 für
11,9 Millionen Euro den Besitzer.

ϟ

In nur 1 Prozent der Fälle, in denen
eine Autoalarmanlage angeht, liegt ein
versuchter Autodiebstahl vor.

Der weltgrößte Zigarettenproduzent
ist die chinesische Regierung.

Urea, der Hauptbestandteil von
Urin, wird Zigaretten als Geschmacks-
verstärker zugesetzt.

Ein Biss der auch »Zigarettenschnecke«
genannten Seeschnecke ist so tödlich,
dass der Gebissene nur noch eine
Zigarettenlänge Zeit hat, bevor er stirbt.

Der Amerikaner Stuart M. Stebbings
hat sich unter der Patentnummer 3234948
Zigaretten mit Käsegeschmack
patentieren lassen.

Feta gilt als älteste bekannte Käsesorte:
Er wird bereits in der *Odyssee* erwähnt.

Im Alter von neun Jahren schwor
der karthagische Feldherr Hannibal einen Eid,
die Römer ewig zu hassen.

Im Alter von zehn Jahren befehligte
Pharao Ramses II. bereits seine Armee
und besaß einen eigenen Harem.

Weil seines Vaters Flotte untergegangen war,
rächte sich der römische Kaiser Caligula
am Meer, indem er den Ärmelkanal angriff.

Kajak bedeutet in der Sprache der Inuit »Männerboot«, weshalb die olympischen Wettbewerbe der Frauen eigentlich *Umjak*-Rennen heißen müssten.

Bronze im Kajak-Einer ist die einzige olympische Medaille, die Togo je errungen hat – der siegreiche Athlet hatte das Land zuvor nur ein einziges Mal besucht.

In Costa Rica gibt es das einzige Faultier-Waisenhaus der Welt.

Ein Faultier braucht bis zu einem Monat, um eine einzige Mahlzeit zu verdauen.

Wenn sich der äthiopische Herrscher Menelik II. unwohl fühlte, verspeiste er einige Seiten aus der Bibel.

Die Bibel erscheint in 2426 Sprachen.

Über 40 Prozent aller Katholiken weltweit leben in Südamerika.

Papst Johannes XII. wurde von einem eifersüchtigen Ehemann ermordet, der ihn in flagranti mit seiner Frau ertappt hatte.

Papst Johannes XX. gab es nie.

Im Koran wird Jesus fünfmal so oft genannt wie Mohammed.

Um den Teufel auszutreiben, schob der heilige Martin von Tours dem »Besessenen« einen Arm in den Hals, in der Hoffnung, den Teufel so aus dem Anus herauszubefördern.

500 000 Italiener konsultieren jährlich einen Exorzisten.

REGENWÜRMER HABEN FÜNF HERZEN.

Von 1000 Seepferdchen,
die geboren werden, erreichen nur
fünf das Erwachsenenalter.

Herbert Spencer, der den Ausdruck
des »Überlebens des Stärkeren« prägte,
war das einzige von acht Kindern,
das das Erwachsenenalter erreichte.

Am Muttertag werden mehr
Telefongespräche geführt als an
jedem anderen Tag im Jahr.

Männliche Ameisen haben
keine Väter.

Eine Ameisenkönigin kann
ihre Eier auch noch mit 30 Jahre
altem Sperma befruchten.

Bienen sind vegetarisch
lebende Wespen.

Bienen produzieren Honig, indem
sie den gesammelten Nektar wieder
hervorwürgen und ihn einer anderen
Biene in den Mund fließen lassen.

Eine Zecke ist nach dem Fressen
zehnmal so groß wie vorher.

Der Japanische Schwalbenschwanz,
eine Schmetterlingsart, kann mit seinem
Hinterteil sehen.

Der Urutau-Tagschläfer, eine
Vogelart, kann dank zwei zusätzlichen
schmalen Sehschlitzen auch mit
geschlossenen Augen sehen.

Hühner sehen Tageslicht 45 Minuten
bevor Menschen es können.

Astronauten in der Internationalen Raumstation ISS erleben innerhalb von 24 Stunden 16 Sonnenauf- und -untergänge.

Sigmund Freuds erstes Forschungsprojekt war das Sexualleben des Aals.

Aalblut ist für Menschen giftig.

BIENEN KÖNNEN BIS VIER ZÄHLEN.

Motten können dazu benutzt werden, Plastiksprengstoff aufzuspüren.

Piranhas essen gerne Bohnen
und anderes Gemüse.

Etwa jedes tausendste Baby kommt
mit Zähnen auf die Welt.

Die durchschnittliche Lebens-
dauer einer menschlichen
Fettzelle beträgt zehn Jahre.

Augenbrauen erneuern sich
alle 64 Tage.

Abgetrennte Zehen- und Fingerspitzen
können beim Menschen nachwachsen.

Zu Weihnachten 1936 schickte Salvador
Dalí dem Komiker Harpo Marx eine
Harfe mit Saiten aus Stacheldraht.
Im Gegenzug sandte Harpo ihm ein Foto
von sich mit bandagierten Fingern.

An jedem beliebigen Tag des Jahres trägt
die Hälfte der Weltbevölkerung Jeans.

Die kleine Tasche vorne an den Jeans
war ursprünglich zum Verstauen von
Taschenuhren konzipiert.

Die Vulkane auf dem Jupitermond Io
speien 400 km hohe Lavafontänen.

Der Winter auf dem Uranus
dauert 42 Jahre.

Es gibt 200 Millionen Mal mehr Insekten
als Menschen auf der Welt.

In China sind per Gesetz
pro öffentlicher Toilette nur zwei
Schmeißfliegen erlaubt.

Bei der Tour de France 1999
hatte der Radprofi Mario Cipollini
ein Foto von Pamela Anderson
an den Lenker geheftet, um seinen
Testosteronspiegel hochzuhalten.

François le Clerc ist der einzige
bekannte Pirat, der ein Holzbein hatte.

Einer von zehn Frauen ist ein fiktiver
Mann wichtiger als ihr realer Partner.

Dame Judi Dench hat die James-Bond-
Melodie als Handy-Klingelton.

Fast alle Einwohner von Pompeji
überlebten den Ausbruch des Vesuvs.

⚡

500 Millionen Menschen sind noch
heute von Vulkanausbrüchen bedroht.

⚡

80 Prozent allen Goldes weltweit
ist durch Erdbeben entstanden.

⚡

Rund die Hälfte allen je geförderten
Goldes stammt von einem einzigen Ort:
Witwatersrand, Südafrika.

Im Erdkern lagert genügend Gold, um die gesamte Erdoberfläche mit einer 45 cm dicken Goldschicht zu überziehen.

Der Goldgehalt im menschlichen Körper beträgt 0,2 mg. Um eine Goldmünze von 22 Karat zu prägen, würde man 40 000 Menschen benötigen.

Während des Goldrausches in Amerika fand nur rund jeder fünfundzwanzigste Schürfer Gold.

Mit Hilfe eines Kernreaktors lässt sich aus Blei Gold machen. Es ist jedoch viel einfacher, Gold in Blei zu verwandeln.

Unter dem Burning Mountain (»Brennender Berg«) in Australien brennt seit 6000 Jahren ein unterirdisches Kohlefeuer.

IN CHINA LEBEN 40 MILLIONEN MENSCHEN IN HÖHLEN.

Die Hälfte aller weltweiten Todesfälle durch Luftverschmutzung ereignet sich in China.

Glückskekse sind eine US-amerikanische Erfindung. Als sie in den neunziger Jahren erstmals nach China exportiert wurden, bewarb man sie als »Original amerikanische Glückskekse«.

Der E-Reader wurde schon
1949 erfunden.

J. K. Rowling hat gar keinen
zweiten Vornamen.

Eine mittelgroße Tube Zahnpasta
enthält genügend Chemikalien,
um 13 Hunde zu töten.

In Nordkorea ist es verboten,
Jeans zu tragen.

In Indonesien ist es nicht verboten,
betrunken Auto zu fahren.

In Schweden ist es legal, ein Kind aufgrund
seines Geschlechts abzutreiben.

In Saudi-Arabien dürfen Frauen erst
seit 2013 Fahrrad fahren – allerdings nur
in Erholungsgebieten und in Begleitung
eines männlichen Verwandten.

In den USA ist der Tarzanschrei
markenrechtlich geschützt.

Stanley Kubrick finanzierte seine ersten Filme, indem er in New Yorker Parks um Geld Schach spielte.

Richard Wagner trug ausschließlich rosa Seidenunterwäsche – weil er sie so angenehm weich fand.

JOHNNY DEPP SAMMELT BARBIEPUPPEN.

Tolstoi lernte mit 67 Jahren das Fahrradfahren.

Pixar erfand die Hauptfiguren und Handlungsabläufe von *Das große Krabbeln*, *WALL.E*, *Die Monster AG* und *Findet Nemo* in einer einzigen Mittagssitzung.

Bei einem durchschnittlichen Mittagessen nimmt man etwa 150 000 km DNA zu sich.

Im Jahr 2010 kam es unweit von Peking zu einem 100 km langen Stau, der neun Tage dauerte.

In *Braveheart* kann man unter Mel Gibsons Kilt seine schwarze Unterhose sehen.

In China wurde 2004 gefälschte Sojasoße entdeckt, die aus menschlichem Haar hergestellt war.

Hummelköniginnen bekommen im Alter eine Glatze.

Seeotter haben auf jedem Quadratzentimeter ihrer Haut mehr Haare als der Mensch auf seinem ganzen Kopf.

In der Bibel wird nur das Alter einer einzigen Frau genannt: das von Abrahams Ehefrau Sarah (127!).

Einem achtjährigen Kind könnte
man die Hälfte des Gehirns entfernen, ohne
dass dies negative Auswirkungen hätte.

Seit der Erfindung der ersten
Steinwerkzeuge hat sich die Größe des
menschlichen Gehirns verdreifacht.

In jeder Sekunde stellt das
menschliche Gehirn 1 Million
neue Verknüpfungen her.

Ihr Gehirn verbraucht weniger
Strom als Ihr Kühlschranklicht.

»Eigengrau« heißt die Farbe,
die unsere Augen in völliger
Dunkelheit wahrnehmen.

CHARLES MANSON SCHRIEB SONGS FÜR DIE BEACH BOYS.

Chopin gab in seinem ganzen
Leben nur 30 Konzerte.

Irving Berlin konnte weder Noten lesen
noch schreiben, und Klavier vermochte
er nur in Fis-Dur zu spielen.

Als Beethoven in Wien die Premiere seiner 9. Symphonie dirigierte, war er bereits stocktaub. Am Ende musste ihn einer der Solisten umdrehen, damit er sehen konnte, wie das Publikum applaudierte.

Öffentliches Applaudieren ist in Weißrussland verboten.

Im 16. Jahrhundert engagierten französische Schauspieler *rieurs* (»Lacher«) und *chatouilleurs* (»Kitzler«), die im Publikum für Stimmung sorgten.

Bereits der Klang eines elterlichen Streits kann Auswirkungen auf das Gehirn eines schlafenden Babys haben.

Als Teil der deutschen Reparations-
zahlungen für den Ersten Weltkrieg
verlor der Pharmakonzern Bayer
die Markenrechte an Aspirin.

Durch Selbstmord sterben jährlich
mehr Menschen als durch Mord
und Kriege zusammen.

Im Mittelalter glaubte man, ein
erigierter Penis sei voller Druckluft.

Der Pistolenkrebs kann mit einem
Wasserstrahl einen Knall erzeugen, der so laut
ist wie der Überschallknall eines Düsenjets.

Um sich zu verteidigen,
kann der Schleimaal bis zu 20 Liter
schützenden Schleim absondern.

Schnecken mögen kein Kupfer –
ihr Schleim reagiert mit dem Metall und
verpasst ihnen einen Stromschlag.

2011 durchtrennte eine Frau in
Georgien beim Graben nach Altmetall
ein Kabel. Kurz darauf war ganz
Armenien vom Internet abgeschnitten.

Zur Feier seines 25-jährigen
Thronjubiläums im Jahr 1999 erlaubte
der König von Bhutan seinen
Untertanen den Zugang zum Internet.

In Thailand gibt es eine eigene Sprache,
die nur dazu verwendet werden darf,
um den König anzusprechen.

Carl Gustaf XVI. von Schweden
ist erst der zehnte schwedische
König namens Carl: Carl I. bis Carl VI.
existierten nur der Sage nach.

Das erste Bild, das im amerikanischen
Fernsehen ausgestrahlt wurde, zeigte
das Dollarzeichen.

China verfügt über größere
Dollarreserven als die USA.

Die alten Chinesen glaubten,
dass man den zukünftigen Reichtum
eines Menschen an der Dicke seines
Ohrläppchens ablesen könne.

⚡

Der teuerste Kaffee der Welt
wird aus dem Kot thailändischer
Elefanten hergestellt.

⚡

Buddy Holly war so kurzsichtig,
dass er noch nicht einmal die oberste
Zeile der Sehtafel entziffern konnte.

⚡

Für den Fall, dass ihm nachts
eine geniale Melodie einfiel, schlief
Franz Schubert stets mit Brille.

Schon die Römer nannten den Mittelfinger *digitus impudicus* – den »schamlosen«, oder »unzüchtigen« Finger.

Galileo Galileis Mittelfinger ist in einem Museum in Florenz ausgestellt.

Im Russischen, Spanischen und Persischen gib es jeweils nur ein Wort für »Finger« und »Zehen«.

Elefanten nuckeln an ihren Rüsseln wie Kinder an ihren Daumen.

Jedes der »kleinen Ärmchen« des *Tyrannosaurus rex* wäre in der Lage gewesen, zwei erwachsene Menschen hochzuheben.

Einem Oktopus kann man beibringen, ein Marmeladenglas zu öffnen. Tags darauf wird er es aber wieder vergessen haben.

DER SCHNEE AUF DER VENUS BESTEHT AUS SCHWERMETALLEN.

Die Venus ist der Himmelkörper, der am häufigsten für ein Ufo gehalten wird.

Der populärste Artikel im
Online-Leseraum des FBI ist ein
unbestätigter Bericht über eine
Ufo-Sichtung in New Mexico.

Am Abend des Tages, an dem Abraham
Lincoln den Secret Service – die Leibwache
des Präsidenten – ins Leben gerufen hatte,
wurde er erschossen.

Richard Nixon bewarb sich
erfolglos beim FBI.

Während seines Wahlkampfs als
Abgeordneter für Virginia gab
George Washington jedem seiner
Wähler 1,5 Liter Alkohol aus.

In der Schweiz dürfen Frauen
erst seit 1971 wählen.

Der Mann, der 1971 die erste E-Mail
der Geschichte verschickte, weiß
nicht mehr, was drinstand.

In Frankreich kam 1977 zum letzten Mal
die Guillotine zum Einsatz.

Das Museum für fermentierten
Kohl *(kimchi)* in Seoul zählt
jährlich über 100 000 Besucher.

In Nordkorea gibt es 34 000 Statuen von Kim Il-sung.

Es gibt keinerlei historische Belege dafür, dass sich irgendein Pirat je einen Papagei als Haustier hielt.

Bei dem Stoff, der Rosenkohl bitter macht, handelt es sich um Zyanid.

Fünfzehn Aprikosenkerne enthalten genug Zyanid, um ein Kind zu töten.

Ein zentraler Inhaltsstoff von Schießpulver ist menschlicher Urin.

Die Blase des Hummers befindet sich in seinem Kopf.

Die Chinesische Weichschildkröte uriniert durch ihr Maul.

Der Penis des in Vietnam beheimateten Fisches *Phallostethus cuulong* sitzt unter seinem Kinn.

1994 wurde einem Auktionshaus »Rasputins abgetrennter Penis« angeboten, der sich später jedoch als getrocknete Seegurke erwies.

Eingeweidefische leben im Verdauungstrakt von Seegurken.

Gurken bestehen zu 95 Prozent aus Wasser.

Sämtliche Instrumente des Ersten Wiener Gemüseorchesters werden nach einem Konzert zu Suppe verarbeitet.

Das John-Cage-Stück *O'OO"* (1962) wurde für zerkleinertes Gemüse und Mixer komponiert.

1941 PRODUZIERTE HENRY FORD EIN AUTO AUS SOJABOHNEN.

Serviette bedeutet auf Französisch auch »Aktentasche«.

Johann I. von Frankreich wurde bereits fünf Monate vor seiner Geburt zum König ausgerufen. Er lebte nur fünf Tage lang.

Marie Thérèse, die Tochter Ludwigs XVI. und Marie Antoinettes, war 20 Minuten lang Königin von Frankreich.

Laut einer mittelalterlichen Definition dauert ein Moment exakt 90 Sekunden.

Im Maya-Kalender gab es fünf Tage im Jahr, die »Tage ohne Namen« hießen.

Im 15. Jahrhundert war in Frankreich jeder vierte Tag ein offizieller Feiertag.

Im Jahr 1908 kamen die russischen Olympioniken zwölf Tage zu spät zu den Olympischen Spielen von London, weil sie noch den Julianischen Kalender benutzten.

Das erste Mobilfunkgespräch der Geschichte fand am 3. April 1973 statt: Der Geschäftsführer von Motorola rief bei der Konkurrenz von AT & T an, um ihnen mitzuteilen, dass sie es als Erste geschafft hatten.

Enid Blyton spielte gern nackt Tennis.

In Ian Flemings originalen Bond-Romanen trinkt 007 insgesamt 101 Whiskys, aber nur 19 Wodka-Martinis.

Das Buch, über dessen angebliche Lektüre am häufigsten gelogen wird, ist George Orwells *1984*.

George Orwells Französischlehrer war Aldous Huxley.

Jimi Hendrix lebte 250 Jahre später im selben Londoner Haus wie Georg Friedrich Händel.

Mozart hielt einmal um Marie Antoinettes Hand an.

Neugeborene mögen Mozart
und Vivaldi, können aber mit
Beethoven nichts anfangen.

Beethoven hatte außergewöhnlich
stark behaarte Hände.

In China können Frauen Strumpfhosen mit künstlicher Beinbehaarung
kaufen, um allzu aufdringliche
Bewunderer abzuschrecken.

Pandafell wurde im alten China
für Damenbinden verwendet.

ALLE PANDABÄREN DER WELT SIND OFFIZIELL IN CHINESISCHEM BESITZ.

In China werden täglich
30 000 Hunde wegen ihres Fleisches
oder ihres Fells geschlachtet.

Die Schweizer sind die einzigen
Europäer, die Hunde essen.

Die Schweiz verfügt über so viele
Atombunker, dass die gesamte Bevölkerung
des Landes darin Platz finden könnte.

Im Indonesischen bezeichnet
ein *jayus* einen Witz, der so abgrundtief
schlecht und so furchtbar erzählt ist,
dass er wieder lustig wird.

Der häufigste Familienname
in China ist Wang: Insgesamt leben
dort 93 Millionen Wangs.

NASA-Astronauten im All erhalten
Salz und Pfeffer nur in flüssiger Form.

Es ist unmöglich, in einem
Raumanzug zu pfeifen.

Delfine benutzen ihr individuelles
Pfeifen, um sich gegenseitig
»beim Namen« zu nennen.

Der ehemalige Staatspräsident
von Birma, Ne Win, badete in Delfinblut,
weil er glaubte, dies hielte ihn jung.

Delfine können 15 Tage am
Stück wach bleiben.

Freilebende Faultiere schlafen
zehn Stunden am Tag, in
Gefangenschaft sind es jedoch 16.

Menschlicher Körpergeruch ist
für läufige Ziegen unwiderstehlich.

Der südamerikanische *hoatzin* oder »Stinkvogel« verfügt unter seinen Artgenossen über die langsamste Verdauung und riecht stark nach faulendem Kuhdung.

Der sicherste Weg, einen Hai zu vertreiben, ist, ihm verwesendes Haifleisch unter die Nase zu halten.

Auf einem einzigen verrottenden Baumstamm im Wald leben zwischen 300 und 400 verschiedene Pilzarten.

Weil er klein und dick war, lautete
Franz Schuberts Spitzname »Schwammerl« –
Österreichisch für »Pilz«.

Schubert war einer der Sargträger
bei Mozarts Begräbnis.

Arthur Conan Doyle war einer
der Preisrichter im weltweit ersten
Bodybuilding-Wettkampf.

Zwei Drittel aller menschlichen
Kommunikation geschieht ohne Sprache,
allein mit Gesten und Mimik.

Während eines 90-minütigen Fußballspiels ist ein Feldspieler durchschnittlich nur 53,4 Sekunden in Ballbesitz.

Bevor sie die Beatles gründeten, traten John Lennon und Paul McCartney unter dem Namen »The Nerk Twins« auf.

Simon & Garfunkel nannten sich ursprünglich »Tom and Jerry«.

Tom und Jerry hießen ursprünglich Jasper und Jinx.

Die vier höchsten Berge der Erde, Mount Everest, K2, Kangchendzönga und Lhotse wurden genau in dieser Reihenfolge und in den aufeinander folgenden Jahren 1953, 1954, 1955 und 1956 erstmals bestiegen.

Neben dem K2 gibt es noch vier weitere Berge, die zu abgelegen sind, um regionale Namen zu besitzen: K7, K9, K12 und K25.

Der höchste noch unbestiegene Gipfel ist der Gangkhar Puensum in Bhutan: Der Berg gilt als heilig, und oberhalb von 6000 m hat die Regierung das Bergsteigen verboten.

Die Mormonen glauben, dass der Garten Eden in Missouri lag.

SAUDI-ARABIEN IMPORTIERT SAND.

Nach einer Schwangerschaft haben Frauen größere Füße als vorher.

Je geringer das Größenverhältnis von Zeige- zu Ringfinger, desto länger ist der Penis eines Mannes. Das heißt: Männer, bei denen der Zeigefinger kürzer ist als der Ringfinger, haben meist ein großes Glied.

Einigen Seeschneckenarten wächst jedes Mal, bevor sie Sex haben, ein neuer Penis.

In der Sprache der Yaghan aus Feuerland bedeutet *mamihlapinatapei* so viel wie »der stumme, aber bedeutungsvolle Blickkontakt zwischen zwei Menschen, die das Verlangen haben, etwas zu beginnen, aber beide zu zögerlich sind, um es tatsächlich zu tun«.

Das Volk der amazonischen Amondawa kennt kein Wort für »Zeit«.

Im Lateinischen und Gälischen gibt es keine Wörter für »Ja« oder »Nein«.

Sgiomlaireachd (ausgesprochen: »skamm-lierie«) kommt aus dem Schottisch-Gälischen und bedeutet »die Art von Freund, die nur zur Essenszeit vorbeischaut«.

Die Menschen sind heute 50 Prozent schwerer und etwa 10 cm größer als noch im Jahr 1900 – dies ist die gravierendste Veränderung des menschlichen Körpers in den vergangenen 5000 Jahren.

Paranüsse, Cashewnüsse, Kokosnüsse, Erdnüsse und Walnüsse sind gar keine Nüsse.

Alle 2,5 Sekunden wird irgendwo auf der Welt ein Glas Nutella gekauft.

Ciabatta-Brot wurde erst 1982 erfunden.

Backhefe und Menschen teilen sich 18 Prozent ihrer Gene.

Den gesamten Chromosomensatz eines Menschen laut vorzulesen, würde 9½ Jahre dauern.

Eine Kuh produziert an einem einzigen Tag bis zu 180 Liter Speichel.

Vor der Einführung des Rohrzuckers in Europa wurden Speisen oft mit Pastinaken gesüßt.

Die Rotation der Erde verursacht
einen Ton, der so tief ist, dass Menschen
ihn nicht hören können: Cis – 29 Oktaven
unterhalb des eingestrichenen C.

Im stillsten Raum der Welt
hat es bisher niemand länger
als 45 Minuten ausgehalten.

Killerwale hießen ursprünglich Walkiller.

Nur ein Mensch kam bisher nachweislich
durch einen Tausendfüßler ums Leben.

Die Schwarze Mamba ist nicht schwarz – der Name leitet sich von der Färbung an der Innenseite ihres Mauls ab.

Der Burj-Khalifa-Wolkenkratzer in Dubai ist so hoch und seine Fahrstühle so schnell, dass man dort zweimal den Sonnenuntergang betrachten kann: Erst im Erdgeschoss und, nach einer Fahrt mit dem Aufzug, noch einmal auf der Dachterrasse.

Die ersten Wolkenkratzer waren zwischen 10 und 20 Stockwerke hoch, nach heutiger Definition müssen sie jedoch über mehr als 40 Stockwerke verfügen.

Heuschreckenschwärme bewegen sich so rasend schnell, weil jedes Tier zugleich versucht, die Heuschrecke vor ihm zu fressen und nicht vom Tier hinter ihm gefressen zu werden.

ALBATROSSE KÖNNEN IN WENIGER ALS ZWEI MONATEN UM DIE WELT FLIEGEN.

Die US-Flagge der ersten Mondmission Apollo 11 steht nicht mehr: Die Astronauten stellten sie zu nah am Startplatz der Mondfähre auf, sodass sie von deren Raketenstrahl umgeweht wurde.

Das chemische Element Astat ist so selten, dass auf der ganzen Welt nur etwa 30 g davon existieren.

Über 98 Prozent der Erdkruste bestehen aus nur acht chemischen Elementen.

Die meisten Gesteine bestehen, was die Masse betrifft, zur Hälfte aus Sauerstoff.

Ein Gramm Materie enthält so viel Energie wie 10 000 Tonnen TNT.

Der größte Magnet der Welt steht im Schweizer Kernforschungszentrum CERN: Er wiegt mehr als der Eiffelturm.

Allein die Farbe, mit der der Eiffelturm gestrichen ist, wiegt so viel wie zehn Elefanten.

Das Eis an den Polkappen der Erde schmilzt so rasch, dass Schiffe im Jahr 2050 voraussichtlich bis zum Nordpol fahren können.

⚡

Im Erdkern herrscht etwa die gleiche Temperatur wie auf der Oberfläche der Sonne.

⚡

Kämpfende männliche Hirsche können sich so mit ihren Geweihen verhaken, dass sie verhungern.

⚡

Elche masturbieren, indem sie ihre Geweihe an Bäumen reiben.

Als Fruchtbarkeitsritus masturbierten die ägyptischen Pharaonen in den Nil.

Bis zur Entdeckung von Vanille war Rosenwasser der weltweit beliebteste Geschmacksstoff.

Der medizinische Fachbegriff für Kältekopfschmerz beim Eisessen lautet *Sphenopalatine Ganglioneuralgie*.

In Japan gibt es die Eissorten Kaktus, rohes Pferdefleisch, Tintenfischinnereien, Grubenotter, Ziege, Grillkohle, Kollagen und Viagra.

Im 12. Jahrhundert war jeder zehnte Japaner ein Samurai.

Im Jahr 1602 befahl die japanische Regierung die Freilassung aller Hauskatzen, um der Mäuseplage Herr zu werden, die die Seidenraupen des Landes bedrohten.

Um Land von Unkraut zu befreien, war es in den Pyrenäen im 18. Jahrhundert üblich, dort eine lebendige Katze zu vergraben.

Der Zauberspruch »Abrakadabra« diente ursprünglich zur Abwehr von Malaria.

IN MALAYSIA GIBT ES EINE SEKTE, DIE EINE RIESENGROSSE TEEKANNE VEREHRT.

In Tibet maß man Entfernungen traditionell in der Anzahl der Teetassen, die man auf der Reise trinken musste.

Eine durchschnittliche Frau verbringt 16 Monate ihres Lebens mit Weinen.

In Saudi-Arabien dürfen Frauen nicht Auto fahren. Das Land hat die höchste Verkehrsunfallquote der Welt.

In Japan sterben dreimal
so viele Menschen in der Badewanne
wie bei Autounfällen.

In Italien hatten 88 Prozent
aller Erwachsenen schon einmal
Sex in einem Auto.

Samsung bedeutet im Koreanischen
»Drei Sterne«.

Mitsubishi bedeutet im Japanischen
»Drei Wasserkastanien«.

Mazda ist die zoroastrische
Gottheit der Weisheit.

Bei einer Computertomographie wird
man derselben Strahlendosis ausgesetzt wie
der, die in Hiroshima 2,5 km entfernt
von der Bombenabwurfstelle herrschte.

Marie Curie setzte sich so massiver
Strahlung aus, dass ihre Kochbücher
noch heute radioaktiv sind.

1930 kam in den USA ein mit strahlendem
Radium durchtränkter Genitalschutz als
Potenzmittel auf den Markt. Sein Erfinder
William J. Bailey starb 1949 an Blasenkrebs.

Das erste Land, in dem die Gänsestopfleber
Foie gras wegen Tierquälerei verboten wurde,
war Nazideutschland.

Von den knapp 4000 Säugetieren
des Berliner Zoos im Jahre 1939
überlebten nur 91 die alliierten Luft-
angriffe des Zweiten Weltkriegs.

Wegen der steifen Handschuhe,
die sie im All tragen müssen, fallen vielen
Astronauten die Fingernägel ab.

Der einzige Berg Flanderns
ist 156 m hoch.

Der Hauptpreis der Karaoke-WM 2010
in Moskau waren 1 Million Klöße.

Im Luftschiff *Hindenburg* gab es einen Zigarettenanzünder. Er war an einen Tisch im Raucherzimmer angekettet.

Im römischen Recht gab es ein eigenes Wort für Diebe, die Kleidung aus öffentlichen Badehäusern stahlen – *balnearii*.

In der römischen Armee benutzte man Spinnweben zur Behandlung von Wunden.

SPINNEN RECYCELN IHRE NETZE, INDEM SIE SIE ESSEN.

Junge Kellerspinnen erhöhen ihre Überlebenschancen, indem sie ihre Mutter auffressen, bevor sie das Nest verlassen.

Karl Marx’ Mutter hat einst gesagt, es wäre besser gewesen, wenn ihr Sohn etwas »Kapital gemacht« hätte, anstatt *Das Kapital* zu schreiben.

Wer seine Eltern nicht regelmäßig besucht, kann in China seit 2013 mit Gefängnis bestraft werden.

214 Jahre lang – bis 2012 – war es
in Paris Frauen gesetzlich verboten,
Hosen zu tragen.

Robert Wadlow, der größte Mensch der
Medizingeschichte, trug bei seiner
Einschulung mit fünf Jahren einen Anzug,
der für einen 17-Jährigen gemacht war.

Der erste Herzschrittmacher
wurde von einer Batterie betrieben,
die der Patient in einer Karre
hinter sich herziehen musste.

1961 gelang es einem sowjetischen
Chirurgen in der Antarktis als Erstem,
seinen eigenen Blinddarm zu entfernen.

Weil er wusste, dass Angela Merkel Angst vor Hunden hat, begrüßte Wladimir Putin sie 2007 mit seinem schwarzen Labrador.

Der Mann, der 32 Jahre lang Micky Maus seine Stimme lieh, heiratete die Frau, die 27 Jahre lang Minnie Maus synchronisierte.

Walt Disney war in seinen Zwanzigern so arm, dass er Hundefutter aß.

Friedrich der Große würzte seinen Kaffee gern mit Senf oder goss ihn mit Champagner auf.

Karl II. von England rieb sich mit dem Staub von Mumien ägyptischer Pharaonen ein – in der Hoffnung, dass deren »Größe« so irgendwie auf ihn übergehen würde.

Die erste Frau, die in Deutschland ein Postamt eröffnete, wurde später als Hexe verbrannt.

Auf einer Computertastatur befinden sich im Durchschnitt etwa 400-mal mehr Bakterien als auf einem Toilettensitz.

Die erste Computermaus hieß offiziell »X-Y-Positionsanzeiger«.

In jeder beliebigen Sekunde werden weltweit 6 Millionen Leertasten gedrückt.

Als die *Mona Lisa* 1911 aus dem Louvre gestohlen wurde, strömten die Leute scharenweise in das Museum, um sich die leere Wand anzusehen, wo das Gemälde gehangen hatte.

Bodhidharma, der Begründer des Zen-Buddhismus, verbrachte neun Jahre damit, sitzend an eine Wand zu starren.

Von 1814 bis 1830 war die französische Flagge einfach nur weiß.

39 Stellen von Pi reichen aus, um den Umfang des Universums bis auf die Breite eines Wasserstoffatoms genau zu berechnen.

DAS GRÖSSTE PUZZLE DER WELT HAT 552 232 TEILE.

Das radioaktive Material, das die Atombombenexplosion von Hiroshima verursachte, wog nicht mehr als eine Büroklammer.

Das Gewicht der Kühe auf jeder beliebigen Weide ist stets geringer als das der Würmer darunter.

Der Diätpapst Dr. Atkins wog
bei seinem Tod über 114 kg.

Die Eisfabrikanten Ben & Jerry
freundeten sich im Sportunterricht
an, nachdem der Lehrer sie als
»die zwei lahmsten, fettesten Kinder
der Klasse« beschimpft hatte.

An Fettleibigkeit sterben welt-
weit dreimal so viele Menschen
wie an Unterernährung.

Cornflakes enthalten mehr Salz
pro 100 g als gesalzene Erdnüsse.

Jede Sekunde werden auf Wikipedia sechs neue Einträge veröffentlicht.

Das Faxgerät wurde 30 Jahre vor dem Telefon erfunden.

Die Fernbedienung wurde von der deutschen Armee während des Ersten Weltkriegs entwickelt.

Tuvalu bedeutet auf Tuvaluisch so viel wie »Gruppe der acht«. Der Staat Tuvalu besteht aus neun Inseln.

Die Armee Andorras besteht
aus zehn Soldaten.

Man kann ein Stück
Papier höchstens dreizehnmal
in der Mitte falten.

In Bolivien gibt es
37 Amtssprachen.

Pinguine können
Salzwasser trinken.

Charles Darwins Schildkröte Harriet
starb 2006 im Alter von 176 Jahren.

Die Dinosauriergeräusche in
Jurassic Park basieren auf Tonaufnahmen
kopulierender Schildkröten.

In den Weltmeeren liegen mehr als
3 Millionen versunkene Schiffswracks.

Selbst inflationsbereinigt kostete
die Herstellung des Films *Titanic*
eineinhalbmal so viel wie die Produktion
des gleichnamigen Schiffs.

94 Prozent aller Informationen
auf der Welt sind digital gespeichert.

Die erste Computermaus
war aus Holz.

Die ersten Golfbälle
waren aus Holz.

Jedes Sandkorn auf der
Welt ist einzigartig.

Wüsten bedecken ein Drittel der
Erdoberfläche, doch nur ein Fünftel
von ihnen besteht aus Sand.

Die sandreichste Wüste der Welt
ist die Große Sandwüste in Australien,
doch selbst diese besteht nur
zur Hälfte aus Sand.

Spinnen können stundenlang
unter Wasser überleben, indem sie
sich selbst ins Koma versetzen.

Der Biss einer Brasilianischen
Wanderspinne verursacht eine Erektion,
die mehrere Stunden anhält.

Al Capones Visitenkarte wies ihn
als Gebrauchtmöbelhändler aus.

Mussolinis Sohn war
ein erstklassiger Jazzpianist.

FIDEL CASTROS SOHN IST EIN WELTKLASSE-GOLFSPIELER.

Auf General Francos Nachttisch
lag stets die mumifizierte Hand
der heiligen Teresa von Ávila.

Dostojewskis Vater wurde von seinen Leibeigenen in Wodka ertränkt.

Eugene Aserinsky, einer der Begründer der Schlafforschung, verunglückte tödlich, weil er am Steuer eingenickt war.

Jeder Mensch schläft in einer von sechs Schlafstellungen: »Fötus«, »Baumstamm«, »Sehnsuchtsstellung«, »Soldat«, »Freier Fall« und »Seestern«.

Die meisten Menschen träumen fünfmal pro Nacht.

Papst Leo XIII. trug stets
einen Flachmann bei sich, der
Wein mit Kokain enthielt.

Coca-Cola war ursprünglich
als alkoholfreie Alternative
zu kokainhaltigem Rotwein auf
den Markt gekommen.

Die älteste Rechtsordnung der
Welt in Mesopotamien sah Bier als
gesetzliches Zahlungsmittel vor.

Auf den Ausschank von schlechtem Bier
stand im antiken Babylon die Todes-
strafe durch Ertränken.

Robert Oppenheimer, der »Vater der Atombombe«, versuchte als Student, einen seiner Dozenten mit einem Apfel zu vergiften.

Im Zweiten Weltkrieg testeten die USA und Neuseeland heimlich 3700 »Tsunamibomben«, deren Zweck es war, gegnerische Küstenstädte zu zerstören.

1958 ging der US Air Force irgendwo im Bundesstaat Georgia eine Wasserstoffbombe verloren.

Weißkopf-Kapuzineraffen stecken sich zur Begrüßung gegenseitig die Finger in die Nasen.

Um sich im Wasser vor Gewehrkugeln zu schützen, muss man nur einen Meter tief tauchen.

Die Baikalrobben im sibirischen Baikalsee leben 4000 km vom Meer entfernt. Niemand weiß, wie sie dorthin gekommen sind.

Niemand weiß, wer den Hydranten erfunden hat: Die Patentpapiere wurden bei einem Brand vernichtet.

Das erste Fotokopiergerät fing so leicht Feuer, dass es mitsamt einem Feuerlöscher geliefert wurde.

Die erste geklonte Katze hieß »CC« – die englische Abkürzung für »Kopie« *(carbon copy)*.

FLÖHE KÖNNEN EIN GANZES JAHR OHNE NAHRUNG LEBEN.

Als Begründer der christlichen Zeitrechnung (»vor/nach Christus«) gilt ein Mönch namens Denys der Kleine.

Ein *hikikomori* ist ein japanischer Teenager, der die meiste Zeit in seinem Zimmer verbringt.

Allein der Anblick einer kranken Person kann das Immunsystem aktivieren.

Selbst, wenn wir unser Leben unendlich verlängern könnten, würden wir statistisch gesehen dennoch sterben – bei einem Unfall im durchschnittlichen Alter von 1200 Jahren.

Wenn ein toter Wal an der britischen Küste strandet, gehört er laut Gesetz der Königin.

Die Wahrscheinlichkeit, von einem Kometen erschlagen zu werden, ist zehnmal höher, als die, mit einem Flugzeug abzustürzen.

Das Wort »Komet« geht auf das Griechische *kometes* zurück und bedeutet »langhaarig«.

⚡

Aus Furcht, ihn zu verärgern, bezeichnen die Samen einen Eisbären nie als Eisbären. Stattdessen nennen sie ihn den »alten Mann im Pelzmantel«.

⚡

Die zunehmende Umweltverschmutzung hat dazu geführt, dass die Penisse von Eisbären schrumpfen.

⚡

C. G. Jungs Großvater brachte seinen Enkeln Hebräisch bei, damit sie im Himmel Zeitung lesen könnten.

Tiger greifen Menschen
fast immer von hinten an.

Eine nasse Klapperschlange
kann nicht klappern.

Vögel können nicht rülpsen.

Mäuse können nicht husten.

INDEX

007 *207*
7-Up *32*
1984 *208*

A

Aale *178, 195*
Abrakadabra *227*
Adoptionen *16*
Adrenalin *23*
Aerosmith *105*
Affen *20, 70, 98, 248*
Afghanistan *166*
Afrikaans *97*
Aktienhändler *87*
Alarmanlagen *169*
Albanien *81*
Albanisch *81*
Albatrosse *223*
Aldrin, Buzz *94*
Alexander der Große *6, 44, 148*
Alkohol *135*
Alkoholiker *11, 42*
All *61, 126*
Alligatoren *169*
Alter *9, 69, 121*
Altersschwäche *149*
Altgriechisch *51*
Ameisen *13, 63, 107, 176*
Amondawa (Volk) *218*
Amundsen, Roald *147*
Andamanisch (Sprache) *166*
Antarktis *64, 91, 146, 147, 234*
Apple *19, 66, 133*
Arabisch *34*
Armeen *21, 114, 133, 171, 232, 240, 241*
Armenien *168*
Arschloch *50*
Arten *115, 119*
Aserinsky, Eugene *246*
Aspirin *18, 194*
Astat *223*
Astronauten *61, 118, 178, 211, 223, 231*
Atheisten *77*
Atombomben *16, 82, 238*
Augen *25, 28, 57, 81, 113, 137, 177, 192*
Augenbrauen *81, 179*

Austern *155*
Australien *69, 185, 244*
Autoabgase *30*
Autos *68, 89, 169, 187, 205, 228, 229*
Avocados *134*
Azteken *75*

B

Babylon *247*
Babys *6, 7, 68, 137, 179, 193*
Bach, Johann Sebastian *89*
Baden *134*
Bakterien *32, 38, 59, 113, 115, 161, 236*
Bananen *36*
Barbados *21*
Baretts *111*
Basketball *26*
Batmania *62*
Batterien *17, 234*
Bäume *59, 63, 83, 134, 158*
Baur, Fred *24*
Beatles, The *139, 215*
Beatty, Warren *128*
Beefsteaks *91*
Beerdigungen *75, 214*
Beeren *40*
Beethoven, Ludwig van *60, 104, 193, 209*
Behan, Brendan *11*
Beine *70, 144*
Berge *117, 185, 216, 231*
Berlin, Irving *192*
Betteln *57*
Beyoncé *9*
Bhutan *195, 216*
Bibeln *18, 35, 166, 173, 190*
Biber *81*
Bienen *76, 83, 94, 176, 178*
Bienenstiche *96*
Bier *69, 131, 247*
Bin Laden, Osama *53*
Biosprit *104*
Birma *212*
Bisons *105*
Bits *22*
Blanco y Erenas, Ramón *75*
Blattläuse *96*
Blei *184*
Bleistifte *54, 146*
Blinzeln *82*
Blitzschläge *31*
Blondin, Charles *28*
Blut *7, 103, 136, 160*
Blutkörperchen *103*
Blyton, Enid *207*
Bodybuilding *214*
Bolan, Marc *100*
Bolívar, Simón *74*
Bolivien *33, 74, 241*
Bolt, Usain *110*
Boss, Hugo *153*

Braveheart 189
Brücken 119
Brustimplantate 111
Brustwarzen 141
Bücher 58
Buckelwale 152
Buckingham Palace 143
Buddhismus 237
Bunker 10, 210
Bush, George W. 10, 121

C

Cage, John 205
Caine, Michael 100
Caligula 171
Cannabis 150
Capone, Al 63, 245
Carter, Jimmy 38
Casanova, Giacomo 104
Cäsar, Julius 160
Cash, Johnny 149
Castro, Fidel 6, 93, 245
Champagner 159, 235
Chaplin, Charlie 41
Cheeseburger 31
China 18, 29, 71, 108, 116, 181, 185, 190, 196, 209, 210, 211, 233
Chinesen 43
Chinesisch 58
Chopin, Frédéric 135, 192
Christie, Agatha 120
Christophorus, hl. 16
Chromosomen 220
Ciabatta 219
Clapton, Eric 99
Cleese, John 100
Coca-Cola 41, 56, 63, 79, 247
Computermäuse 236, 243
Conan Doyle, Arthur 214
Cornflakes 239
Costa Rica 172
Curie, Marie 230

D

Dalí, Salvador 48, 73, 180
Darm 113
Darwin, Charles 156, 242
da Vinci, Leonardo 11
Dean, James 148
Delfine 86, 107, 212
Demokratie 17
Dench, Judi 182
Depp, Johnny 27, 188
Der Schrei 161
Descartes, René 98
DeVito, Danny 128
Diamanten 11, 12
Diäten 239
Diebe 232
Dinosaurier 32, 116, 137, 168
Disney, Walt 235

DNA *36, 189*
Doping *69*
Dosenöffner *36*
Dostojewski, Fjodor *246*
Doyle, Arthur Conan *97*
Druckertinte *159*
Dschingis Khan *156*

E

Echsen *137*
Edison, Thomas *88*
Ehebrecher *80*
Ehemänner *88*
Eichhörnchen *169*
Eiffelturm *127, 224*
Eingeweidefische *204*
Einstein, Albert *45, 51, 90, 140, 156*
Einwohnerzahlen *85*
Eis *239*
Eisbären *47, 154, 252*
Eissorten *226*
Ejakulationen *36*
Elche *79, 225*
Elefanten *24, 81, 138, 197, 198, 224*
Elektrischer Stuhl *124*
Elemente *223*
Elgar, Edward *109*
E-Mails *201*
Energie *31, 110, 114, 159, 224*
Entfernungen *14, 25, 28, 228*
Erdbeben *52, 183*
Erdbeeren *65*
Erde *13, 85*
Erdkugel *24*
Erdnussbutter *12*
E-Reader *186*
Erektionen *244*
Escobar, Pablo *32*
Exorzisten *174*

F

Fahrräder *187*
Färöer-Inseln *33*
Faultiere *172, 212*
Faxgeräte *240*
Feiertage *206*
Feinde *75*
Fernbedienungen *240*
Fernsehen *68, 196*
Fernseher *69*
Feta *171*
Fettleibigkeit *163, 239*
Feuerlöscher *113*
Fez *112*
Fiesta *78*
Filme *77, 106, 188*
Finger *198*
Fingernägel *231*
Fingerspitzen *134, 169, 180*
Finnisch *67*

Firmensitze *50*
Fische *107*
Flaggen *8, 223, 237*
Flamingos *138*
Fleming, Ian *207*
Fliegen *181*
Flöhe *250*
Fluggesellschaften *85*
Flugzeugabstürze *125*
Flugzeuge *61, 82, 125, 150, 251*
Ford, Harrison *128*
Ford, Henry *205*
Foreman, George *160*
Fossilien *27*
Fotografisches Gedächtnis *130*
Fotokopierer *249*
Fotos *7*
Fox, Michael J. *28*
Franco, Francisco *245*
Frankreich *98, 206*
Französisch *84, 89, 98, 205*
Frauen *51, 106, 122, 182, 187, 201, 217, 228, 234*
Freiheitsstatue *127*
Frettchen *50*
Freud, Sigmund *141, 178*
Freundschaftsparadox *26*
Friedrich der Große *235*
Frisuren *129*
Frösche *23, 55, 80*
Frühstück bei Tiffanys *158*
Fucking *15*
Furcht *63*
Furzkissen *162*
Fußball *41, 91, 215*
Fußballspieler *159*

G

Gähnen *145*
Galilei, Galileo *148, 198*
Gälisch *218*
Gandhi, Mahatma *95*
Ganges *19*
Gänse *23*
Gase *34*
Gebirge *42, 98*
Geburtstage *30, 148*
Geheimcodes *38*
Gehirn *22, 51, 130, 145, 191, 193*
Gemüse *179, 204, 205*
Gene *53, 220*
Geranien *5*
Geräusche *33*
Gere, Richard *29*
Geronimo *145*
Gerüche *151, 157, 213*
Gesteine *224*
Gibson, Mel *189*
Glück *147*
Glückskekse *185*
Gold *13, 49, 183, 184*
Golf *120, 243*
Google *87*

Gorillas *39*
Gott *102*
Gottesanbeterinnen *113*
Graphen *46*
Griechen *17*
Griechenland *17, 80, 162*
Grippe *65*
Grönland *35, 42*
Großbritannien *5, 16, 251*
Größe *82, 93, 151, 234*
Guillotine *124, 201*
Gurken *204*

H

Haare *44, 83, 97, 129, 190*
Haarfollikel *39*
Haiangriffe *62, 151*
Haie *59, 95, 137, 213*
Hamburger *48*
Hamster *39, 108, 111*
Handschriften *19*
Handtücher *83*
Hannibal *171*
Hapax legomenon *90*
Hauptstädte *56*
Haut *96, 100*
Hebräisch *97, 252*
Hefner, Hugh *27*
Hemingway, Ernest *78*
Hendrix, Jimi *208*
Herbert, Frank *45*
Heringe *89*
Heroin *18, 19*
Herr der Ringe, Der *104, 117*
Herzen *7, 103, 136*
Herzinfarkte *53*
Herzschrittmacher *234*
Heuschrecken *73, 222*
Hexen *236*
Higgs-Bosonen *107*
Hillary, Edmund *13*
Himalaya *116*
Himbeeren *5, 54*
Hirsche *225*
Hitler, Adolf *10, 20, 27, 61, 78, 95, 117, 141*
Hitlergruß *20*
Ho Chi Minh *74*
Hochseile *28*
Hochzeiten *83, 102*
Hoden *65*
Hoffmann, Felix *18*
Höhe *158*
Höhlen *27, 185*
Holly, Buddy *197*
Homosexualität *84*
Honda *52*
Honig *176*
Hopfen *131*
Hosen *29, 234*
Houdini, Harry *25*
Hugo, Victor *78, 162*
Hühner *177*

Hummeln *190*
Hummer *203*
Hunde *39, 72, 92, 147, 186, 210*
Hundekot *127*
Huskys *147*
Hussein, Saddam *10*
Hydranten *249*

I

Idioten *37*
Iglus *8*
IKEA *6, 12*
Immunsystem *251*
Indien *19, 105*
Indonesien *187*
Indonesisch *211*
Informationen *22, 43, 243*
Inkas *26*
Insekten *37, 181*
Instrumente *96, 204*
Internet *65, 195*
Inuit *42, 52, 58, 80, 172*
Io *181*
Irland *47, 60, 81*
Island *42*
Italien *10, 16, 68, 108, 229*
Italiener *174*

J

Jahrtausendwechsel *46*
James Bond *158, 182, 207*
Japan *16, 66, 67, 106, 143, 226, 229*
Japaner *227*
Japanisch *52, 229*
Jeans *32, 180, 186*
Jerusalem *102*
Jesus *174*
Jobs, Steve *66*
Jung, C. G. *141, 252*
Jurassic Park *242*

K

Käfer *27*
Kaffee *104, 197, 235*
Kakerlaken *116, 149*
Kalender *206, 207*
Kali *73*
Kalmare *137*
Kalorien *31, 65*
Kälte *140*
Kamele *168*
Kamine *23*
Kanarienvögel *72, 135*
Kanarische Inseln *72*
Kängurus *6, 151*
Kaninchen *27*
Karaoke *232*
Karotten *118*

Karpatho-Ruthenien *166*
Karpfen *163*
Kartoffeln *26, 39*
Käse *94*
Kater *41, 135*
Katholiken *173*
Katzen *39, 48, 52, 72, 110, 139, 227, 250*
Kaugummis *101, 134*
Kaulquappen *23*
Kennedy, John F. *91*
Kerzen *11*
Kettensägen *29*
Ketzerei *85, 161*
Killerwale *221*
Kindle *50*
Kinsey, Alfred *14*
Kirchen *29*
Klapperschlangen *253*
Klassenkameraden *114*
Kleopatra *156*
Klobrillen *59*
Knochen *141, 142*
Kochhüte *89*
Koffein *18, 56, 109, 123*
Kohlenstoff *18, 146*
Kokain *18, 53, 247*
Kolibris *75, 76, 96*
Kometen *251, 252*
Könige *77, 79, 88, 95, 134, 148, 156, 195, 196, 205, 236*
Königinnen *120, 143, 206, 251*
Kopfschmerzen *135, 226*
Koreanisch *156, 229*
Körper *219*
Kosmonauten *126, 147*
Kreuzigungen *84*
Kriege *78, 96, 108, 114, 133*
Kriminalität *40, 85*
Krokodile *76, 169*
Kubrick, Stanley *188*
Kühe *43, 57, 220, 238*
Kühlschränke *80*
Kumuluswolken *24*
Küssen *82, 153*

L

Laktoseintoleranz *158*
Langstreckenläufer *154*
Lateinisch *112, 218*
Leben *251*
Leben des Brian, Das *112*
Leber *131*
Lee, Bruce *121*
Leertasten *237*
Legastheniker *9*
Legosteine *14*
Leitungswasser *62*
Leuchttürme *33*
Libellen *73*
Liechtenstein *14, 102*
Lincoln, Abraham *200*
Linkshändig *142, 143*

Linksverkehr *77*
Loch Ness *51, 99*
Louvre *11, 127, 162, 237*
Lucas, George *128*
Luft *100*
Luftschiffe *232*
Luftverschmutzung *185*
Lunge *142, 145*

M

Mafia *10*
Magensäure *103*
Magenschleimhaut *103*
Magnete *224*
Magnolien *130*
Magritte, René *109*
Mahler, Gustav *9*
Malaiisch *34*
Mandela, Nelson *97*
Männer *21, 71, 155, 217*
Manson, Charles *192*
Maria I. (Maria Stuart) *120*
Marianengraben *46, 126*
Marine *21*
Marx, Harpo *180*
Marx, Karl *160, 233*
Marx, Zeppo *82*
Masern *77*
Materie *224*
Mathematik *49*
Maulwürfe *60*
Mäuse *157, 253*
Mayas *206*
Mazda *230*
Meerschweinchen *15, 164*
Merkel, Angela *235*
Metalle *46*
Michelangelo *148, 161*
Micky Maus *235*
Mikrowellen *63*
Mimenspiele *167*
Misérables, Les *78*
Mitsubishi *229*
Mittelfinger *198*
Mob *71*
Mobilfunk *207*
Moby Dick *132*
Mohammed *174*
Möhren *118*
Momente *206*
Mona Lisa *11, 162, 237*
Mond *14, 43, 60, 140, 223*
Mondlandung *53*
Mondstaub *30*
Monet, Claude *31*
Monopoly *93*
Mormonen *216*
Moskitos *160*
Motten *178*
Mount Everest *13, 93*
Mozart, Wolfgang Amadeus *208, 209*
Mücken *138*

Müll *60, 118*
Mumien *79, 143, 161, 236*
Muscheln *98, 113, 120, 121*
Museen *161, 198, 201, 237*
Musik *159*
Muskatnüsse *55*
Mussolini, Benito *117, 245*
Mutationen *57*
Muttertag *175*

N

Nachtigallen *89, 152*
Naismith, James *26*
Namen *66, 79, 215, 216*
NASA *9, 211*
Nasebohren *152*
Nasen *118, 151*
Nationalhymnen *64*
Navajo *68*
Neandertaler *40, 158*
Nekton *107*
Neptun *33*
Neutrinos *12*
New York *29, 38, 90, 167*
Niagarafälle *28*
Nicholson, Jack *99*
Nieren *153*
Niesen *166*
Nigeria *77*
Nikotin *123*
Nilpferde *73*
Nitroglyzerin *87*
Nixon, Richard *200*
Nokia *133*
Nordkorea *67, 133, 186, 202*
Nüsse *40, 110, 169, 219*
Nutella *219*

O

Ohrenwärmer *143*
Ohrläppchen *197*
Ökologische Fußabdrücke *39*
Oktopusse *80, 199*
Olympische Disziplinen *30, 37, 153, 154, 172*
Olympische Medaillen *25*
Olympische Spiele *37, 154, 207*
Online-Partnerbörsen *155*
Oppenheimer, Robert *248*
Organismen *107*
Orwell, George *208*
Osbourne, Ozzy *128*
Ozonschicht *5*

P

Paketpost *17*
Pandabären *209, 210*
Papageien *132, 202*
Papier *28, 43, 46, 87, 241*
Päpste *173, 174, 247*
Paranüsse *110, 219*

Parasiten *161*
Parfüms *157*
Paris *37, 106, 119, 234*
Parkinson *88*
Passwörter *8*
Pastinaken *220*
Patente *22, 133*
Peking *56*
Penisse *14, 58, 66, 101, 169, 194, 203, 204, 217, 252*
Persisch *198*
Peru *15, 74*
Pfeffer *72, 211*
Pharaonen *226, 236*
Philippinen *75*
Picasso, Pablo *11*
Piloten *125*
Pilze *55, 213*
Pinguine *241*
Piranhas *179*
Piraten *182, 202*
Pistolenkrebse *194*
Pixar *189*
Placebos *62*
Plankton *107*
Plutomanie *159*
Poe, Edgar Allan *156*
Polkappen *225*
Pompeji *183*
Post *139*
Postämter *105, 236*
Pringles *24*
Privatdetektei *124*
Puccini, Giocomo *74*
Purpurschnecken *92*
Putin, Wladimir *235*
Puzzles *238*
Pyramiden *66*

Q

Quallen *27, 165*
Queen Elizabeth II. *5, 24, 86, 101*

R

Rachmaninow, Sergei *156*
Radarkameras *100*
Radium *230*
Ramses II. *79, 171*
Ratten *32*
Raumanzüge *211*
Raupen *15*
Reagenzröhrchen *83*
Red Bull *92, 110*
Reichtum *197*
Religionsgemeinschaften *35*
Rennmäuse *23*
Rhabarber *91*
Richards, Keith *86*
Rindfleisch *93*
Robben *249*
Rohöl *143*

Rolls Royce *100*
Rom *138*, *167*
Romani *69*
Rosenwasser *226*
Rousseau, Jean-Jacques *168*
Rowling, Joanne K. *186*
Rumänisch *165*
Russen *9*
Russisch *44*, *198*
Russland *18*

S

Safran *44*
Samen (Volk) *25*, *252*
Samsung *119*, *229*
Samurais *227*
Sand *243*
Sandburgen *151*
Saudi-Arabien *55*, *90*, *187*, *217*, *228*
Schach *168*, *188*
Schauspieler *193*
Scheidungen *129*
Schießpulver *30*, *203*
Schiffswracks *242*
Schildkröten *203*, *242*
Schimpfwörter *123*
Schlaf *246*
Schlangen *37*, *69*, *70*, *222*
Schluckauf *145*
Schmetterlinge *177*
Schnecken *195*
Schnee *29*, *99*, *199*
Schneeflocken *35*
Schnurrbärte *81*
Schokolade *56*, *57*
Schönberg, Arnold *74*
Schostakowitsch, Dmitri *10*
Schottland *81*
Schraubenzieher *36*
Schriftsteller *47*
Schubert, Franz *197*, *214*
Schuhplattler *121*
Schwangerschaft *137*, *217*
Schwangerschaftstests *55*
Schweden *79*, *112*, *120*, *187*, *196*
Schweiz *15*, *97*, *106*, *201*, *210*
Sedang (Sprache) *165*
Seen *33*
Seeotter *190*
Seepferdchen *76*, *175*
Seeschnecken *170*
Selbstmorde *47*, *194*
Seoul *56*
Serbien *54*
Sex *8*, *50*, *129*, *155*, *162*, *217*, *229*
Shakespeare, William *70*
Simon & Garfunkel *215*
Sitting Bull *93*
Skifahren *97*
Škoda *56*
Skorpione *92*

Smartphones 22
Snickers 141
Socken 108
Sojasoße 106, 190
Sonnensysteme 122, 140
Spanisch 54, 198
Speed Dating 124
Spencer, Herbert 175
Sperma 20, 176
Spermien 99, 136
Spinnen 14, 101, 157, 233, 244
Spione 20
Spitzmäuse 43
Sprachen 12, 47, 49, 115, 132, 173, 196, 214, 218
Spucke 48, 220
Stalin, Josef 86, 95, 141
Star Wars 128
Stau 189
Stille 221
Strahlung 63, 165, 230
Straßenmusiker 105
Strauße 64, 149, 155
Straußeneier 44
Strecke 8
Striptease 167
Strumpfhosen 209
Südkorea 133
Swahili 86, 122, 152
Syphilis 67

T

Tabak 21
Tarzan 187
Taschenuhren 180
Tauben 31, 111
Tauchen 249
Tausendfüßler 164, 221
Teekannen 228
Teelöffel 13, 61
Teenager 250
Telefonbücher 37
Tempelritter 153
Temperaturen 33, 146, 150, 225
Tennis 95, 207
Teppichboden 16
Teufel 174
Thailand 196
Tierquälerei 231
Tiger 139, 253
Tim und Struppi 66
Tintenfische 6
Titan 117
Titanic 67, 242
Tintin 66
Toaster 22
Togo 172
Toilettenpapier 59
Tokio 56, 106
Tolkien, J.R.R. 104, 117
Tolstoi, Leo 71, 188
Tom und Jerry 215

Töne *94, 221*
Torjubel *41*
Tour de France *31, 182*
Tourette *88*
Toyota *52*
Träumen *39, 246*
Tschechisch *56*
Türkisch *94, 112*
Tutenchamun *143, 144*
Tuvalu *240*
Tweets *53*
Twitter *7, 40, 64*
Tyrannosaurus rex *199*

U

Übersetzungen *109*
Ubychisch (Sprache) *164*
Ufos *199, 200*
Unfälle *251*
Ungarisch *47*
Unglückszahlen *74, 108*
Uniformen *153*
Universum *5, 238*
Unterwäsche *35, 45, 188, 189*
Uranus *181*
Urin *58, 203*
USA *8, 17, 19, 46, 68, 77, 79, 105, 150, 167, 187, 196, 230, 248*
US Air Force *248*

V

Vampire *42*
van Helmont, Jan Baptist *34*
Vanille *226*
Vatikan *40, 112*
Vatikanstaat *40*
Venus *55, 199*
Verbrechen *68*
Verfallsdatum *63*
Vergissmeinnicht *130*
Verhaftungen *88*
Verkaufsautomaten *62*
Verkehrsunfälle *79*
Viagra *108, 136, 226*
Vitus, hl. *34*
Vlad der Pfähler *24*
Vögel *122, 123, 177, 213, 253*
Vokale *165*
Voltaire *98*
von Linné, Carl *36*
Vornamen *28, 29, 98*
Vorwahlen *18*
Vulkane *33, 181, 183*
Vuvuzelas *5*

W

Wadlow, Robert *234*
Waffen *106, 126*
Wagner, Richard *188*
Wale *65, 132, 144, 251*

Walisisch 54
Warhol, Andy 45
Washington, George 200
Wasserstoff 18, 58
Waterloo, Schlacht von 70
Weinen 228
Weißrussland 83, 84, 193
Wellensittiche 164
Wells, H. G. 156
Weltbevölkerung 8, 42, 47, 51, 115
Weltkrieg, Erster 114, 194
Weltkrieg, Zweiter 37, 231, 248
Weltumrundungen 125
Werbejingles 20
Wetter 52, 60, 95
Wien 141
Wikipedia 240
Wimpern 25, 168
Winnie Pu 116
Witze 211
Wolkenkratzer 222
Wright, Gebrüder 45
Wrigley's 119
Würmer 130, 175
Wüsten 244
Wüstenplanet, Der 45

Y

Yesterday 139

Z

Zahnbürsten 59
Zähne 14, 163, 179
Zahnmedizin 163
Zahnpasta 186
Zappa, Frank 27
Zecken 177
Zehen 25, 180
Zeit 28, 52, 82, 154, 218
Zeitrechnung 250
Zellen 142, 179
Zeus 71
Zigaretten 170
Zigarren 91
Zitruspflanzen 123
Žižka, Jan 96
Zoos 37, 70, 138, 231
Zucker 21, 138, 220
Zuckerwatte 97, 98
Zungenbrecher 23
Zyanid 202

William Bynum

Die kürzeste Geschichte der Wissenschaft

352 Seiten, gebunden

ISBN 978-3-455-70002-2
Atlantik Verlag

Von den alten Babyloniern zum World Wide Web – Wissenschaft spannend und anschaulich erklärt.

Wer fand heraus, dass der Mittelpunkt der Erde nicht gleichzeitig der Mittelpunkt des Universums ist? Wie kommt es, dass ein Pfeil umso weiter fliegt, je stärker man den Bogen spannt? Welche Kräfte walten bei einem Gewitter? Seit Tausenden von Jahren suchen die Menschen nach Erklärungen für das, was sie um sich herum wahrnehmen. William Bynum erzählt lebhaft und anekdotenreich vom Abenteuer Wissenschaft.

»Ein Buch, das sich nicht nur an jüngere Leser wendet. Eine inspirierende Lektüre für alle, die etwas über die aufregende Reise von Ahnungslosigkeit zu Erkenntnis erfahren möchten.« *BBC Focus*